GRILLEN

WINTER GRILLEN

ABKÜRZUNGEN

cm = Zentimeter
El = Esslöffel
g = Gramm
kg = Kilogramm
l = Liter
ml = Milliliter
Msp. = Messerspitze
TK = Tiefkühlprodukt
Tl = Teelöffel

HINWEIS

Bei den Zutatenmengen ist jeweils das Rohgewicht, also das Gewicht des Lebensmittels vor der Verarbeitung, angegeben. Bei Stückangaben gehen wir immer von Lebensmitteln mittlerer Größe aus. Die angegebene Vorbereitungszeit bezieht sich auf die reine Vorbereitung der Gerichte, das Vorbereiten des Grills wird hier nicht mit eingerechnet.

BILDNACHWEIS

Reportagefotos: Niklas Thiemann

Foodfotos: TLC Fotostudio, außer S. 66 (© Yinko, fotolia.com)

Schnee-Illustration: Designed by Freepik

VIDEOS

Was wären echte YouTuber ohne Videos Bei einigen Rezepten findest du Videos, in denen die Sauerländer BBCrew dir mit Rat und Tat zur Seite steht. http://more4u.online/NnL)

DANK

Wir danken Dirk Ludwig von der Metzgerei „Der Ludwig" aus Schlüchtern für sein unglaublich tolles Fleisch und die reibungslose Unterstützung.
www.Der-Ludwig.de

DER LUDWIG
DIE MARKE. DAS FLEISCH.®

Ein Dank geht auch an die Firma Petromax, die uns Töpfe und Zubehör für das Fotoshooting zur Verfügung gestellt hat.
www.petromax.de

ORIGINAL Petromax GERMANY

TIM ZIEGEWEIDT & SEBASTIAN BUCHNER

WINTER GRILLEN

ECHTE GRILLER MACHEN
KEINE PAUSE

NGV

WINTERGRILLEN

Welcher Grill, wann und warum? 10

Direkte und indirekte Hitze 13

Temperatur gezielt einstellen und gekonnt räuchern 14

Wie nutze ich Planken und warum? 16

Was ist beim Wintergrillen noch wichtig? 16

Tipps zum Wintergrillen 18

REZEPTE

Gebackenes 20

Suppen & Beilagen 34

Geflügel 60

Schwein 72

Kalb & Rind 94

Wild & Lamm 116

Fisch & Meeresfrüchte 132

Getränke 146

Register 156

TACH, FREUNDE!
JETZT WIRD GEGRILLT!

Wir sind die Sauerländer BBCrew – Tim und Sebastian. Aber das weißt du wahrscheinlich längst. Im Sauerland – da sagen Fuchs und Hase sich Gute Nacht. Und genau dort sind wir zu Hause. Von Fichten und Tannen umgeben haben wir 2014 das Grillen für uns entdeckt. Doch nicht nur für uns, sondern für ganz Deutschland – wie du auf unserem YouTube Blog sehen kannst. Regelmäßig werden dort Videos von unseren Grillepisoden veröffentlicht. Wir behandeln alles, von unterschiedlichen Grilltechniken bis zu den verschiedenen Sorten Fleisch und seinen Schnitten.

Bei uns steht aber immer auch das komplette Gericht im Vordergrund, also gibt's nicht nur Fleisch, sondern auch feine Beilagen, Suppen und natürlich Getränke. Und du kennst das bestimmt: Steht der Grill erst einmal vor der Tür, sprießen die Ideen im Sekundentakt. Also warum sollten wir dann nicht sofort loslegen – egal ob es Sommer oder Winter ist? So entstand der Gedanke, die besten Rezepte zum Grillen im Winter zusammenzustellen. Das haben wir gemacht.

Mittlerweile ist Grillen nicht bloß ein Hobby für uns, sondern unser Beruf, denn wir sind als selbstständige Grillmeister unterwegs. Doch Grillen ist und bleibt vor allem eins: Leidenschaft, Spaß und einfach das Beste, was man machen kann. Wir freuen uns immer wieder, wenn wir unser Wissen weitergeben und Leute mit unserer Leidenschaft anstecken können, und wenn wir dann noch Feedback bekommen, dass es super geschmeckt hat, sind wir die glücklichsten Menschen am Grill.

Wir wünschen dir viel Spaß mit diesem Buch, lass dich inspirieren, begeistern und lass es dir schmecken.

Tim und Sebastian
Sauerländer BBCrew

Mehr von uns: sauerlaender-bbcrew.de

WINTER

GRILLEN

WIR GRILLEN, WANN WIR WOLLEN – ALSO IMMER

GRILLEN IM WINTER

Wir grillen ja jeden Tag. Also JEDEN Tag. Das schließt den Winter natürlich mit ein. Wir können gar nicht ohne Grillen. Und ehrlich gesagt, macht es im Winter mindestens genauso viel Spaß wie im Sommer. Der heiße Grill wärmt dich, wenn du draußen stehst, und du kriegst keine Schwitzattacken wie im Sommer. Du kannst dabei heißen Punsch trinken und weil es früh dunkel wird, machen Fackeln und kleine Feuer einfach super Spaß.

Ein paar Besonderheiten gibt es beim Wintergrillen zu beachten, aber im Wesentlichen unterscheidet es sich nicht vom Sommergrillen. Wir haben daher sowohl zum allgemeinen Grillen als auch zum Wintergrillen ein paar Fragen (und natürlich Antworten) gesammelt. Und dir außerdem zum Überblick eine extra Tippseite für den Winter zusammengestellt – die findest du auf S. 18.

WELCHER GRILL, WANN UND WARUM?

Prinzipiell eignet sich jeder Grill mit Deckel fürs Wintergrillen. Gas und Holzkohle funktionieren gleichermaßen, auch manche Elektrogrills sind fürs Wintergrillen geeignet. Wirklich prädestiniert sind aber die Keramikgrills wie z. B. das Big Green Egg oder aber ein isolierter Grill wie der Summit Charcoal. Durch die Isolation bzw. die dicke Keramik bleibt die Kälte des Winters draußen, und innen kann mit stabilen Temperaturen wunderbar gearbeitet werden.

Wenn du einen Holzkohlengrill nutzt, solltest du im Winter besser auf Briketts zurückgreifen, die halten die Hitze einfach ein bisschen besser. Für den Gasgrill musst du im Winter einen anderen Gasmix wählen als im Sommer. Propangas hat einen Siedepunkt von –42°C und ist daher DAS Wintergas. Je nachdem, wo du deine Gasflasche lagert, kann sie bei extrem tiefen Temperaturen eingeeist sein. Dann bitte mal eine Stunde im Wohnzimmer aufwärmen.

WIE IST DAS NOCH MAL
MIT DIREKTER UND INDIREKTER HITZE?

Eigentlich ganz simpel. Das direkte Grillen ähnelt dem Braten auf dem Herd: Das Garen erfolgt auf dem Rost direkt über der Glut. Beim indirekten Grillen liegt das Grillgut ohne Kontakt zur Flamme neben der Hitzequelle. BÄM! Fertig erklärt!

Falls du mehr wissen möchtest: Direktes Grillen eignet sich für alles, was eine schöne Kruste bekommen soll. Aber auch für kleine, zarte Stücke, die schnell garen. Das machen wir sowohl mit offenem als auch geschlossenem Deckel. Steht im Rezept aber auch immer dabei.

Indirektes Grillen ist für große Stücke geeignet, die lange zum Garen brauchen. Es erfolgt immer mit geschlossenem Deckel, sodass sich eine konstant gleichmäßige Temperatur im Grillinnenraum entfalten kann.

Oft wird das indirekte und das direkte Grillen miteinander kombiniert. Auf einem Gasgrill geht das ganz einfach. Hast du einen Brenner an und einen aus, kannst du sowohl direkt als auch indirekt grillen. Beim Holzkohlengrill gibt es verschiedene Varianten, das erklären wir dir im nächsten Punkt.

WIE STELLE ICH EINEN HOLZKOHLENGRILL AUF INDIREKTE UND DIREKTE HITZE EIN?

Du kannst nicht nur direkt und indirekt grillen, du kannst auch beides gleichzeitig, nacheinander oder bunt durcheinander. Als praktikabel haben sich diese Varianten erwiesen:

ZWEI ZONEN

Im linken und rechten Drittel eines Grills liegen Kohlen, die Mitte bleibt frei. Meist stellst du hier eine Wasserschale hin, über der das Grillgut, flankiert von glühenden Kohlen, indirekt gart. Dran denken: Deckel schließen! Vorher oder nachher kannst du dann im direkten Bereich schön angrillen und Röstaromen erzeugen.

Alternativ bestückst du eine Grillhälfte mit Kohlen, die andere nicht. Das funktioniert genauso.

DREI ZONEN

Die Kohlen liegen in einer Hälfte des Grills, allerdings werden sie nicht auf eine gleichmäßige Höhe geschichtet, sondern zur nicht mit Kohle bedeckten Fläche hin abfallend – auf diese Weise baust du dir drei Temperaturbereiche.

DER MINIONRING

DAS Mittel der Wahl beim Langzeitgrillen (ab 3 Stunden) mit konstanten Temperaturen! Zum Beispiel wenn du Pulled Pork (s. S. 122), Weihnachtsgans (s. S. 64), Ochsenbäckchen (s. S. 111) oder Rippchen (s. S. 76) machst. Ohne Nachlegen kann damit bis zu 20 Stunden gegart werden. Ein ¾-Ring aus etwa 6 kg unangezündeten Briketts wird außen am Grillrand in Zweierreihen gelegt. Dieser Ring wird mithilfe des Dominoeffekts gezündet: 10 durchgeglühte Briketts werden an den Anfang des Rings gelegt und zünden so nach und nach die restlichen Briketts.

TEMPERATUREN GEZIELT
EINSTELLEN UND GEKONNT RÄUCHERN

KANN ICH GEZIELT BESTIMMTE TEMPERATUREN EINSTELLEN?

Na klar kannst du das. Beim Gasgrill ist es extrem einfach: durch das Verstellen der Regler. Jeder Gasgrill ist allerdings unterschiedlich und eine allgemeine Aussage, dass zum Beispiel ein Brenner auf halber Kraft diese und jene Temperatur erreicht, ist schwierig. Das musst du tatsächlich bei jedem Grill individuell ausprobieren. Sollte aber ein Brenner auf niedrigster Stufe zu viel Kraft haben für eine bestimmte niedrige Temperatur, so kannst du den Deckel mithilfe eines eingeklemmten Korkens einen Spalt offen lassen und die Temperatur dadurch noch etwas reduzieren.

Zum Einstellen der Grundtemperatur beim Holzkohlengrill nehmen wir einen Anzündkamin. Im Winter mit Briketts. Unten in der Tabelle siehst du, wie viel Briketts welche Temperatur erzeugen.

Wenn alles glüht, kommen die Lüftungsschieber ins Spiel. Zunächst wird die Temperatur etwas oberhalb der gewünschten Temperatur eingestellt. Dann legst du das Gargut auf und erst dann regelst du die Temperatur mit den Lüftungsschiebern oben und unten nach. Alles immer in kleinen Schritten und zwischen jedem Verstellen 15 Minuten warten: Briketts sind wie ein Zug, jeder Schritt braucht eine gewisse Zeit, bis die Veränderung sichtbar wird.

Auch der Minionring wird zur Temperatureinstellung eingesetzt. Durch das Abbrennen im Dominoeffekt kannst du einfach eine Temperatur von 110–120 °C indirekt halten.

WIE FUNKTIONIERT DAS MIT DEM RÄUCHERN?

Räuchern im Kohlengrill ist einfach: Die ungewässerten Chips oder Chunks auf die Glut geben und den Deckel recht zügig schließen. So brennt nichts und alles raucht wunderbar vor sich hin. Chunks geben länger Rauch ab, sodass

Brikett-Menge	indirekte Hitze	direkte Hitze
½ Anzündkamin	150 °C	180 °C
¾ Anzündkamin	180 °C	210 °C
1 Anzündkamin	200 °C	240 °C
1 gehäufter Anzündkamin	230 °C	280 °C

weniger gebraucht werden. 1 Handvoll Chips entspricht in etwa dem Rauch von 1 Chunk.

Räuchern auf dem Gasgrill braucht Hilfsmittel: entweder eine Räucherbox oder eine sogenannte Smoketube. Die Box wird auf die Brennerabdeckungen gestellt und aufgeheizt, dann kommen die Chips rein und sobald es raucht, wird der Brenner auf kleinste Stufe geregelt. So qualmt das Holz, brennt aber nicht durch. Die Smoketube wird ein wenig anders gehandhabt: Sie wird kalt gefüllt und dann in den Raum der Brennerabdeckungen gelegt. Sobald es raucht, sollte hier auch die Hitze reduziert werden.

Holzsorten wie Apfel, Kirsche oder Pflaume (also Obsthölzer) sind etwas milder im Geschmack und für Anfänger gut geeignet. Buche und Pekannuss zum Beispiel sind von mittlerer Intensität, am intensivsten sind Mesquite und Hickory.

DIE LETZTEN TIPPS,
BEVOR ES LOSGEHT

WIE NUTZE ICH PLANKEN UND WARUM?

Holzplanken können einfach als Unterlage für kleines Gargut genutzt werden. Aber sie eignen sich auch hervorragend, wenn du möchtest, dass das Gargut die Aromen des Brettes annimmt. Hauptsächlich werden Zedernholzbretter verkauft, die dann, gut gewässert, ihre ätherischen Öle ans Gargut abgeben.

Gewässert werden sollten sie allerdings immer, das erhöht die Haltbarkeit der Planken. Wir nutzen die Planken eigentlich auch ausschließlich zum indirekten Grillen. Dann kannst du sie durchaus 10-mal oder mehr verwenden.

WAS IST BEIM WINTERGRILLEN NOCH WICHTIG?

Gute Klamotten! Du benötigst einfach winterfeste Kleidung. Das ist im ersten Moment selbstverständlich, wenn du aber genauer nachdenkst, fällt dir schnell auf, dass viele Kleidungsstücke gerade mal ausreichen, um vom Auto in den Supermarkt zu kommen. Wenn du aber mal ein paar Minuten oder gar Stunden draußen im Garten verbringst, stellst du schnell fest, ob die Klamotte was taugt. Wir empfehlen eine gute Winterjacke, Handschuhe, eine Mütze und einen Schal. Erstens bleibst du damit schön warm und zweitens schmeckt der Glühwein so auch gleich viel besser.

Ansonsten sollten der Untergrund und natürlich der Grill komplett schneefrei sein. Ersteres dient dazu, dass du bzw. deine Gäste nicht auf die Nase fallen. Zweiteres ist selbstverständlich, weil dir sonst im schlimmsten Fall der Schnee in den Grill fällt und dir deine Flamme oder Glut löscht. Arbeite gründlich mit Schneeschieber und Handfeger und du hast keine Probleme beim Wintergrillen.

Pavillons und Heizstrahler können zusätzlich für Wärme und Geborgenheit sorgen, gehen aber schnell ins Geld und die Gasstrahler verbrauchen unnötig Gas. Solche Investitionen machen unserer Meinung nach nur Sinn, wenn du regelmäßig Gartenpartys feierst oder du die Dinge ohnehin schon gekauft hast. Sie extra für solche Anlässe zu kaufen, halten wir für übertrieben!

TIPPS ZUM WINTERGRILLEN

Im Winter möglichst immer mit Deckel grillen

Aufpassen, dass der Wind nicht in den geöffneten Deckel pustet

Wenn's draußen kalt ist, dauert das Garen etwas länger

Briketts halten Hitze länger als Kohlen

Für den Gasgrill extra Wintergas besorgen und ggf. Flasche vorher im Haus wärmen

Grillgut nicht zu kalt auf den Grill legen, am besten bei Zimmertemperatur

Damit du den Deckel nicht so oft öffnen musst, hilft ein Funk-Thermometer

Nie mit nassen Handschuhen grillen, dass kann zu schweren Verbrennungen führen, da das Wasser sehr schnell sehr heiß wird

Warm anziehen!

Nicht den Schal in die Glut hängen lassen

Lecker Glühwein trinken

Teller und Tassen vorm Servieren anwärmen

GEBAC

KENES

FLAMMKUCHEN
MIT GERÄUCHERTER FORELLE, GORGONZOLA UND BIRNE

FÜR 4 PERSONEN

2 Forellenfilets

1 Birne

1 Radicchio

4 Tl Birnensenf

100 g Schmand (alternativ saure Sahne)

Salz

Pfeffer

4 Flammkuchenböden aus dem Kühlregal

100 g Gorgonzola

AUSSERDEM

Pizzastein

ZUBEREITUNG

1. Die Forellenfilets in kleine Stücke schneiden. Die Birne halbieren, das Kerngehäuse entfernen und die Birne in feine Streifen schneiden. Den Radicchio ebenfalls in feine Streifen schneiden. Birnensenf und Schmand zu einer Creme mischen und mit Salz und Pfeffer abschmecken.
2. Den Grill auf starke indirekte Hitze (180–220 °C) vorbereiten und einen Pizzastein auf dem Rost im indirekten Bereich 15 Minuten heiß werden lassen.
3. Die Flammkuchenböden mit der Creme bestreichen und mit den Forellenfilets sowie der Birne belegen. Den Gorgonzola zerbröseln und darüberstreuen.
4. Die Flammkuchen auf den Pizzastein geben und mit geschlossenem Deckel goldbraun backen. Den geschnittenen Radicchio über den fertigen Flammkuchen verteilen.

Vorbereitungszeit: 10 Minuten | **Grillzeit:** ca. 10 Minuten

Grillart: indirekt (180–220 °C) | geschlossener Deckel

CAMEMBERT
VON DER PLANKE MIT DATTELCHUTNEY

FÜR 4 PERSONEN

300 g getrocknete Datteln
200 g Äpfel
1 Zwiebel
5 Knoblauchzehen
2 cm Ingwer
300 ml Apfelessig
150 ml Orangensaft
200 g brauner Zucker
Salz
Zimtstange
100 g Walnüsse
1 großer Camembert (500–800 g)

AUSSERDEM

Zedernholzplanke
1 Handvoll Räucherchips (Kirsche oder Birne)

ZUBEREITUNG

1. Die Datteln fein würfeln. Äpfel, Zwiebel, Knoblauch und Ingwer schälen, in kleine Würfel schneiden und in einen Topf geben. Apfelessig, Orangensaft, Zucker, Salz und Zimt dazugeben und kurz aufkochen. Die Hitze reduzieren und etwa 1 Stunde sanft köcheln lassen. Hin und wieder umrühren. Gegebenenfalls noch etwas Saft hinzugeben. Dann die Zimtstange entfernen und die Walnüsse zum Chutney geben
2. Den Grill auf mittlere indirekte Hitze vorbereiten (140–160 °C) und den Camembert auf der Planke im indirekten Bereich auf den Rost legen.
3. Die Räucherchips auf den durchgeglühten Briketts verteilen. Den Deckel schließen und den Camembert 20–25 Minuten lang räuchern.

Vorbereitungszeit: ca. 1 ½ Stunden | **Grillzeit:** 20–25 Minuten

Grillart: indirekt (140–160 °C) | geschlossener Deckel | räuchern

Vorbereitungszeit: 15 Minuten
Grillzeit: ca. 10 Minuten

Grillart: direkt (200 °C) | geschlossener Deckel

HERZHAFTE SPINATWAFFELN

FÜR 4 PERSONEN

50 g Dinkelmehl (Type 630)
1 Tl Backpulver
1 Tl Salz
½ Tl Natron
200 ml Milch
200 ml Sahne
4 Eier
Pfeffer
75 g frischer Spinat

AUSSERDEM

Waffeleisen für den Grill
Öl zum Einfetten

ZUBEREITUNG

1. Mehl, Backpulver, Salz und Natron in einer Schüssel mischen. Milch, Sahne, Eier sowie Pfeffer dazugeben und alles zu einem glatten Teig rühren. Spinat fein hacken und unterrühren.
2. Den Grill auf starke direkte Hitze (200 °C) vorbereiten. Das Waffeleisen auf den Rost direkt über die Glut legen und 5 Minuten bei geschlossenem Deckel vorheizen.
3. Das Waffeleisen öffnen, mit wenig Öl einpinseln und 3 El Teig hineingeben. Das Waffeleisen schließen und erneut direkt über der Glut auf den Rost legen. Den Deckel schließen und 5 Minuten grillen. Dann das Eisen wenden und die zweite Seite ebenfalls bei geschlossenem Deckel weitere 5 Minuten grillen.

WALDPILZBUNS

FÜR 4 PERSONEN

10 g getrocknete Steinpilze (alternativ getrocknete Waldpilze)
10 g getrocknete Maronenröhrlinge
½ Würfel frische Hefe
180 ml lauwarmes Wasser
325 g Weizenmehl (Type 550)
1 Tl Salz
2 Tl Zucker
25 ml Olivenöl
1–2 Tl Schwarzkümmel

AUSSERDEM

Grillplatte oder Backblech

ZUBEREITUNG

1. Die Pilze in einem Standmixer zermahlen. Hefe in das Wasser bröseln und darin auflösen. Fein gemahlene Pilze, Mehl, Salz und Zucker in einer Schüssel vermengen. Olivenöl und Hefewasser dazugeben und alles zu einem geschmeidigen Teig verkneten.
2. Jeweils etwa 80 g schwere Teiglinge abtrennen und zu runden Kugeln schleifen. Dabei von außen nach innen ziehen, damit Oberflächenspannung entsteht. Buns auf eine mit Backpapier belegte Grillplatte oder ein Backblech legen und ein wenig platt drücken.
3. Teiglinge mit etwas Wasser bestreichen, mit Schwarzkümmel bestreuen und an einem warmen Ort 30 Minuten gehen lassen.
4. Den Grill auf starke indirekte Hitze (200 °C) vorbereiten. Buns mit der Platte oder dem Blech auf den Rost in den indirekten Bereich stellen und 15 Minuten bei geschlossenem Deckel backen. Vom Grill nehmen und unter einem Handtuch auskühlen lassen.

Vorbereitungszeit: 15 Minuten | **Ruhezeit:** 30 Minuten

Grillzeit: 15 Minuten

Grillart: indirekt (200 °C) | geschlossener Deckel

TIPP
Das Video zum Rezept

KÜRBIS-BRUSCHETTA

FÜR 4 PERSONEN

1 Hokkaido (ca. 500 g)
2 Knoblauchzehen
1 Zweig Thymian
1 Zweig Rosmarin
1 Baguette
1 Granatapfel
5 El Olivenöl
Salz
Pfeffer
200 g saure Sahne

AUSSERDEM

gusseiserne Pfanne

ZUBEREITUNG

1. Kürbis putzen, entkernen und in 1 cm große Würfel schneiden. Knoblauch schälen und fein hacken. Kräuter von den Zweigen streifen und ebenfalls fein hacken. Das Baguette in 2 cm dicke Scheiben schneiden. Den Granatapfel entkernen.
2. Den Grill auf starke direkte Hitze (200 °C) vorbereiten. Eine gusseiserne Pfanne auf den Rost direkt über die Glut stellen und bei geschlossenem Deckel 5 Minuten vorheizen. Öl in der Pfanne erhitzen. Kürbis, Knoblauch und die Kräuter unter ständigem Rühren ca. 10 Minuten braten. Mit Salz und Pfeffer abschmecken.
3. Die Pfanne vom Grill nehmen und kurz abkühlen lassen. In der Zwischenzeit die Brotscheiben auf dem Rost direkt über der Glut von beiden Seiten goldbraun angrillen.
4. Das Brot vom Grill nehmen und mit saurer Sahne bestreichen. Kürbis auf dem Brot verteilen, die Granatapfelkerne darüberstreuen und lauwarm servieren.

Vorbereitungszeit: 30 Minuten | **Grillzeit:** ca. 15 Minuten

Grillart: direkt (200 °C) | offener und geschlossener Deckel

GRATINIERTES SPINAT-KÄSE-BAGUETTE

FÜR 4 PERSONEN

100 g Spinat (TK)
1 Knoblauchzehe
1 Schalotte
100 g Walnusskerne
250 g Gruyère oder Gouda (mittelalt)
250 g Crème fraîche
geriebene Muskatnuss
Salz
Pfeffer
1 Baguette

ZUBEREITUNG

1. Den Spinat auftauen lassen und gut ausdrücken. Knoblauch und Schalotte schälen, in feine Würfel schneiden und mit dem Spinat vermengen. Die Walnüsse grob hacken. Den Käse reiben. Crème fraîche, Käse und Walnüsse zum Spinat geben und vermengen. Mit Muskat, Salz und Pfeffer abschmecken. Das Baguette aufschneiden und die Spinat-Käse-Masse auf den Baguettehälften verteilen.
2. Den Grill auf mittlere indirekte Hitze vorbereiten (140–160 °C). Das Baguette auf den Rost in den indirekten Bereich setzen und 20 Minuten bei geschlossenem Deckel gratinieren.

Vorbereitungszeit: 15 Minuten

Grillzeit: 20 Minuten

Grillart: indirekt (140–160 °C) | geschlossener Deckel

SUPPEN &

BEILAGEN

MARONENSUPPE
MIT PFIFFERLINGEN AUS DEM DUTCH OVEN

FÜR 4 PERSONEN

3 mittelgroße Zwiebeln
400 g gegarte Maronen
150 g Butter
650 ml Hühnerfond
100 ml Milch
250 g Pfifferlinge
1 Zweig Rosmarin
Salz
Pfeffer
350 ml Sahne
Zimt
Kürbiskernöl

AUSSERDEM

Dutch Oven (Inhalt 4–6 l bzw. ft 4.5 oder ft 6)

ZUBEREITUNG

1. Den Dutch Oven auf starke direkte Hitze vorbereiten, dazu 24 durchgeglühte Briketts unter den Topf legen. Alternativ den Dutch Oven auf einen Rost in den Grill direkt über die Glut stellen.
2. Die Zwiebeln schälen und fein hacken, die Maronen grob hacken. 100 g der Butter im Dutch Oven zerlassen und die Zwiebeln darin glasig dünsten. Die Maronen dazugeben und 10 Minuten unter Rühren mitschwitzen. Hühnerfond und Milch angießen und 30 Minuten köcheln lassen.
3. In der Zwischenzeit die Pfifferlinge putzen. Die restliche Butter in einer Pfanne zerlassen und die Pfifferlinge zusammen mit dem Rosmarin durchschwenken, mit Salz und Pfeffer abschmecken.
4. Die Sahne zur Suppe geben und mit Salz, Pfeffer und etwas Zimt abschmecken. Kurz aufkochen und anschließend pürieren. Die Suppe in tiefe Teller geben, die Pfifferlinge darauf verteilen und alles mit etwas Kürbiskernöl beträufeln.

Alternativ die Suppe auf dem Grill zubereiten. Den Grill dafür auf mittlere direkte Hitze (200 °C) vorbereite und einen gusseisernen Topf auf den Rost direkt über die Glut stellen und wie oben beschrieben zubereiten. Den Grilldeckel zum Garen schließen.

Vorbereitungszeit: 20 Minuten | **Grillzeit:** 45 Minuten

Grillart: Dutch Oven | Unterhitze (220 °C) | 24 durchgeglühte Brikett

TIPP

Die Knusprigen Knödel vom Grill (s. S. 55) können als zusätzliche Einlage in die Suppe gegeben werden.

TOM KHA GAI
MIT KNUSPRIGEM KNOBLAUCHBROT

FÜR 4 PERSONEN

500 g Putenbrust
1 Bund Frühlingszwiebeln
½ Ananas
2 Stängel Zitronengras
¼ Bund Koriander
5 El Erdnussöl
2 El helle Sojasauce
1 El japanische Fischsauce
500 ml Kokosmilch
500 ml Hühnerbrühe
1 Tl rote Currypaste
250 g Wokgemüse (TK)
2 Knoblauchzehen
4 El Butter
8 Scheiben Toast
1 El Erdnussbutter

AUSSERDEM

Wok oder Grillpfanne

ZUBEREITUNG

1. Die Putenbrust in dünne Streifen schneiden. Die Frühlingszwiebeln in feine Ringe schneiden. Die Ananas schälen und in ½ cm große Stücke schneiden. Das Zitronengras mit dem Griff eines schweren Messers etwas platt klopfen. Die Korianderblätter von den Stängeln zupfen und grob hacken.
2. Den Grill auf starke direkte Hitze (200 °C) vorbereiten. Den Wok auf den Rost direkt über die Glut stellen und vorheizen. Etwas Erdnussöl im Wok erhitzen und das Putenfleisch portionsweise darin anbraten, herausnehmen, beiseitestellen und mit jeweils der Hälfte der Soja- und der Fischsauce würzen.
3. Die Kokosmilch mit der Hälfte der Brühe, dem Zitronengras und der Currypaste in den Wok geben und aufkochen. Wokgemüse und Frühlingszwiebeln hinzufügen, 5 Minuten köcheln lassen.
4. Das Fleisch dazugeben und weitere 5 Minuten köcheln lassen. Gegebenenfalls etwas Brühe nachgießen. Zwischendurch immer wieder abschmecken. Zum Schluss die Ananas hineingeben.
5. In der Zwischenzeit den Knoblauch schälen, fein hacken und mit der Butter verrühren. Die Toastscheiben mit der Butter bestreichen und von beiden Seiten direkt grillen, bis sie kross sind.
6. Die Suppe mit der restlichen Soja- und Fischsauce abschmecken. Die Erdnussbutter unterrühren, das Zitronengras herausnehmen. Die Suppe mit dem Toast servieren.

Vorbereitungszeit: 25 Minuten | **Grillzeit:** 15–20 Minuten

Grillart: direkt (200 °C) | offener Deckel

Vorbereitungszeit: 20 Minuten | **Ruhezeit:** 30 Minuten
Grillzeit: ca. 25 Minuten

Grillart: direkt (140–160 °C) | indirekt (140–160 °C)
geschlossener Deckel | räuchern

GESMOKTER

CHILI-ROTKOHL

FÜR 4 PERSONEN

1 kleiner Rotkohl
Salz
Zucker
4 Schalotten
2 cm Ingwer
1 Apfel
Saft von 3 Orangen
2 El Rotweinessig
Pfeffer
1 Lorbeerblatt
1 Chilischote

AUSSERDEM

1 Handvoll Räucherchips (Kirsche oder Birne)

ZUBEREITUNG

1. Den Rotkohl vierteln, den Strunk herausschneiden und den Rest in feine Streifen schneiden. Salz und Zucker zum Rotkohl geben und mit den Händen gut durchkneten.
2. Schalotten, Ingwer und Apfel schälen, in feine Würfel schneiden und zum Rotkohl geben. Orangensaft und Rotweinessig mischen, mit Pfeffer, Salz und Zucker würzen und über den Rotkohl gießen. Alles gut durchmischen und 30 Minuten ziehen lassen.
3. Den Grill auf mittlere direkte Hitze (140–160 °C) vorbereiten und den Wok auf den Rost direkt über die Glut stellen. Den Wok 10 Minuten bei geschlossenem Deckel aufheizen, dann den Rotkohl hineingeben. Das Lorbeerblatt dazugeben und den Kohl unter gelegentlichem Rühren bei geschlossenem Deckel 15 Minuten schmoren.
4. Die Chilischote in feine Streifen schneiden (für weniger Schärfe die Kerne entfernen) und nach den 15 Minuten zum Rotkohl geben. Die Räucherchips auf den durchgeglühten Briketts verteilen, den Wok in den indirekten Bereich stellen und das Kraut bei geschlossenem Deckel 5–10 Minuten räuchern.

GEFÜLLTE CHAMPIGNONS

FÜR 4 PERSONEN

6 Riesenchampignons

1 rote Zwiebel

3 Scheiben Serranoschinken

40 g Bergkäse

30 g Crème fraîche

½ Tl Pfeffer

½ Tl Salz

AUSSERDEM

großer Gemüsekorb

ZUBEREITUNG

1. Die Pilze abbürsten und die Stiele herausdrehen. Mit einem Kugelausstecher oder einem Teelöffel die Pilzkappen vorsichtig ein wenig aushöhlen und die Abschnitte fein hacken.
2. Zwiebel schälen und in feine Würfel schneiden. Schinken in Streifen schneiden, den Käse fein reiben. Zwiebeln, Schinken, ¾ des Käses, Crème fraîche und die fein gehackten Pilzstiele gut vermischen. Mit Pfeffer und Salz abschmecken. Die Pilzkappen mit der Mischung füllen und mit dem restlichen Käse bestreuen.
3. Den Grill auf mittlere indirekte Hitze (180 °C) vorbereiten. Den Gemüsekorb auf den Rost in den indirekten Bereich stellen, die Pilze hineingeben und etwa 10 Minuten grillen, bis die Pilze weich sind und der Käse verläuft.

Vorbereitungszeit: 20 Minuten | **Grillzeit:** 10 Minuten

Grillart: indirekt (180 °C) | geschlossener Deckel

GEGRILLTE STECKRÜBEN
MIT BACON-FRISCHKÄSE

FÜR 4 PERSONEN

5 Scheiben Bacon

½ Tl getrockneter Thymian

½ Tl getrockneter Rosmarin

250 g Frischkäse

Pfeffer

1 Steckrübe

5 El Olivenöl

ZUBEREITUNG

1. Den Grill auf niedrige direkte Hitze (150 °C) vorbereiten. Baconscheiben auf dem Rost direkt über der Glut langsam knusprig grillen und anschließend auf Küchenpapier abtropfen lassen. Den ausgekühlten Bacon klein hacken und mit den Kräutern unter den Frischkäse rühren. Mit Pfeffer abschmecken.
2. Steckrübe schälen, in 5 Millimeter dicke Scheiben schneiden und auf beiden Seiten mit Olivenöl bestreichen. Steckrübenscheiben auf den Rost direkt über der Glut etwa 6–8 Minuten grillen. Vom Grill nehmen, sofort mit dem Bacon-Frischkäse bestreichen und warm servieren.

Vorbereitungszeit: 15 Minuten | **Grillzeit:** ca. 15 Minuten

Grillart: direkt (150 °C) | offener Deckel

SÜSSKARTOFFEL-MÖHREN-AUFLAUF

FÜR 4 PERSONEN

500 g Süßkartoffeln
4 Möhren
2 Zwiebeln
2 El Öl
500 g stückige Tomaten aus der Dose
Salz
Pfeffer
2 Tl Worcestersauce
3 El Erdnussbutter
3 El geröstete und gesalzene Erdnüsse
100 g geriebener Käse nach Geschmack

AUSSERDEM

gusseiserne Pfanne

ZUBEREITUNG

1. Süßkartoffeln schälen und in mundgerechte Würfel schneiden. Möhren würfeln. Zwiebeln schälen und in Spalten schneiden.
2. Den Grill auf starke direkte Hitze (200 °C) vorbereiten. Gusspfanne auf dem Rost direkt über der Glut aufheizen. Öl in der Pfanne erhitzen und Möhren, Zwiebeln und Süßkartoffeln darin ca. 10 Minuten unter ständigem Rühren anbraten.
3. Stückige Tomaten dazugeben und ca. 5 Minuten mitköcheln. Mit Salz, Pfeffer und Worcestersauce würzen und mit Erdnusscreme verfeinern.
4. Den Grill auf mittlere indirekte Hitze (180 °C) umstellen. Den Auflauf mit Erdnüssen und Käse bestreuen, in den indirekten Bereich stellen und bei geschlossenem Deckel ca. 30 Minuten überbacken.

Vorbereitungszeit: 20 Minuten

Grillzeit: 45 Minuten

Grillart: direkt (200 °C) | indirekt (180 °C) | geschlossener Deckel

Vorbereitungszeit: 30 Minute

Grillzeit: ca. 20 Minute

Grillart: indirekt (130 °C und 180 °C
geschlossener Deckel | räucher

GERÄUCHERTER KARTOFFELSTAMPF

FÜR 4 PERSONEN

800 g mehligkochende Kartoffeln

3 El Röstzwiebeln

100 ml Milch

50 ml Sahne

30 g Butter

½ Tl geriebene Muskatnuss

2 Tl Salz

1 Tl Pfeffer

1 Bund Schnittlauch

AUSSERDEM

1 Handvoll Räucherchips (Kirsche oder Birne)

Zedernholzbrett

ZUBEREITUNG

1. Die Kartoffeln schälen und je nach Größe halbieren oder vierteln. In einem großen Topf mit gesalzenem Wasser etwa 25 Minuten garen. Das Wasser abgießen und die übrigen Zutaten (bis auf den Schnittlauch) zu den Kartoffeln geben und mit einem Kartoffelstampfer zu einem feinen Stampf verarbeiten.
2. Den Grill auf niedrige indirekte Hitze (130 °C) vorbereiten. Den Stampf auf das Zedernholzbrett geben und auf den Rost in den indirekten Bereich stellen. Die Räucherchips auf den durchgeglühten Briketts verteilen, den Deckel schließen und den Stampf 20 Minuten räuchern.
3. Währenddessen den Schnittlauch in feine Röllchen schneiden. Das Brett vom Grill nehmen, den Schnittlauch darüberstreuen und servieren.

KARTOFFEL-
DAUPHINOIS

FÜR 4 PERSONEN

250 ml Sahne
2 Tl Salz
½ Tl Pfeffer
½ Tl geriebene Muskatnuss
1 Eigelb
750 g Kartoffeln
1 Knoblauchzehe
150 g Bergkäse, Parmesan oder Gruyère

ZUBEREITUNG

1. Die Sahne mit Salz, Pfeffer und Muskat würzen. Das Eigelb schaumig schlagen und unter die Sahne rühren. Die Kartoffeln schälen und in dünne Scheiben schneiden oder hobeln. Den Knoblauch schälen und fein hacken.
2. Die Kartoffeln in eine Auflaufform schichten, mit dem Knoblauch bestreuen und die Sahne darübergießen. Den Käse reiben und über den Kartoffeln verteilen.
3. Den Grill auf starke indirekte Hitze (200 °C) vorbereiten. Die Auflaufform auf den Rost in den indirekten Bereich stellen, den Deckel schließen und ca. 45 Minuten goldbraun grillen.

Vorbereitungszeit: 20 Minuten | **Grillzeit:** 45 Minuten

Grillart: indirekt (200 °C) | geschlossener Deckel

BACON-SCHUPFNUDELN

FÜR 4 PERSONEN

1 Zwiebel
1 Knoblauchzehe
200 g Bacon
2 El Pflanzenöl
500 g Schupfnudeln
2 El Tomatenmark
300 ml Sahne
½ Tl Salz
1 Tl Pfeffer
½ Tl getrocknete italienische Kräuter
50 g Parmesan
½ Bund glatte Petersilie

AUSSERDEM

gusseiserne Pfanne

ZUBEREITUNG

1. Zwiebel und Knoblauch schälen und in feine Würfel schneiden. Bacon in feine Streifen schneiden. Den Grill auf starke direkte Hitze (200 °C) vorbereiten. Gusspfanne auf den Rost direkt über die Glut stellen und 5 Minuten aufheizen. Öl in der Pfanne erhitzen und den Bacon darin knusprig braten. Zwiebeln und Knoblauch hinzugeben und glasig anschwitzen. Die Schupfnudeln in die Pfanne geben und anbraten.
2. Das Tomatenmark dazugeben und umrühren, bis die Schupfnudeln gut überzogen sind. Sahne angießen und mit Salz, Pfeffer und italienischen Kräutern würzen. Unter ständigem Rühren leicht einkochen lassen. In der Zwischenzeit Parmesan reiben und Petersilie fein hacken. Wenn alles eine sämige Konsistenz hat, Parmesan und Petersilie unterrühren.

VORBEREITUNGSZEIT: 10 Minute

GRILLZEIT: 15 Minute

GRILLART: direkt (200 °C) | offener Deck

TIPP

Die Knödel schmecken toll mit Pfifferlingen, Maronen oder Speckwürfeln oder als Einlage in die Maronensuppe (s. S. 36).

Vorbereitungszeit: 50 Minuten | **Grillzeit:** 25 Minuten

Grillart: direkt (230 °C) | geschlossener Deckel

KNUSPRIGE KNÖDEL
VOM GRILL

FÜR 4 PERSONEN

6 altbackene Brötchen
1 Zwiebel
10 g Butter
3 El fein gehackte Petersilie
250 ml Milch
3 Eier
Salz
Pfeffer

AUSSERDEM

Butterschmalz zum Anbraten
Gussplatte oder gusseiserne Pfanne

ZUBEREITUNG

1. Die Brötchen in kleine Würfel schneiden. Die Zwiebel schälen und würfeln. Butter in einer Pfanne zerlassen und ohne Farbe annehmen zu lassen kurz anschwitzen. Petersilie unterrühren und alles mit den Brötchenwürfeln mischen.
2. Die Milch bis kurz vorm Kochen erhitzen und über die Brotwürfel gießen. Etwa 10 Minuten quellen lassen. Eier verquirlen, mit Salz und Pfeffer würzen und zu den Brotwürfeln geben. Alles zu einem nicht zu festen Teig vermengen.
3. Mit nassen Händen Knödel formen und in siedendem, aber nicht sprudelnd kochendem Salzwasser in 20–25 Minuten gar ziehen lassen, bis sie nach oben steigen. Die Knödel komplett auskühlen lassen und in Scheiben schneiden.
4. Den Grill auf starke direkte Hitze (230 °C) vorbereiten und eine schwere Gussplatte oder eine gusseiserne Pfanne auf den Rost direkt über die Glut stellen. Die Platte 10–15 Minuten bei geschlossenem Deckel aufheizen. Etwas Butterschmalz auf die Platte geben und die Knödelscheiben auf beiden Seiten goldbraun anbraten.

Vorbereitungszeit: 30 Minuten | **Ruhezeit:** 2 Stunden
Grillzeit: ca. 25 Minuten

Grillart: direkt (200 °C) | indirekt (180 °C)
geschlossener Deckel

SEMMELKNÖDEL-SOUFFLÉ

FÜR 4 PERSONEN

500 g Weißbrot ohne Kruste
4 Schalotten
1 El Öl
100 g Speckwürfel
50 g Butter
500 ml Buttermilch
5 Eigelb
2 Eiweiß
½ Tl Salz
½ Tl Pfeffer
½ Tl geriebene Muskatnuss

AUSSERDEM

gusseiserne Pfanne
8 Souffléformen (180 ml)
Butter zum Einfetten

ZUBEREITUNG

1. Das Weißbrot in Würfel schneiden. Die Schalotten schälen und fein würfeln. Den Grill auf starke direkte Hitze (200 °C) vorbereiten. Eine gusseiserne Pfanne auf den Rost direkt über die Glut stellen und das Öl darin erhitzen. Speck und Schalotten hineingeben und anschwitzen. Die Butter dazugeben und zerlassen. Die Mischung noch heiß über die Brotwürfel gießen und gut vermischen. Buttermilch und Eigelb verrühren und dazugeben. Gut abgedeckt etwa 2 Stunden ruhen lassen.
2. Souffléformen einfetten. Eine Auflaufform mit 2 Blättern Küchenpapier auslegen. Das Eiweiß steif schlagen und unter die Brotmasse heben. Mit Salz, Pfeffer und Muskat abschmecken. Die Masse in die Souffléformen geben und diese in die Auflaufform stellen. Soviel Wasser angießen, dass die Förmchen etwa 1 ½ cm tief im Wasser stehen.
3. Den Grill auf mittlere indirekte Hitze (180 °C) vorbereiten. Die Auflaufform auf den Rost in den indirekten Bereich stellen, den Deckel schließen und die Soufflés etwa 25 Minuten garen. Sie sollten leicht gebräunt sein und bei der Stäbchenprobe sollte kein Teig mehr am Stäbchen kleben bleiben. Beim Grillen den Grill bitte nicht öffnen, da sonst die Gefahr besteht, dass die Soufflés zusammenfallen.

KICHERERBSEN-
COUSCOUS

FÜR 4 PERSONEN

2 Schalotten
1 Knoblauchzehe
1 Zucchini
2 El Olivenöl
1 Tl geräuchertes oder edelsüßes Paprikapulver
1 Prise geriebene Muskatnuss
½ Tl gemahlener Kreuzkümmel
½ Tl gemahlener Koriander
½ Tl Cayennepfefferpulver
½ Tl gemahlener Pfeffer
¼ Tl Ingwerpulver
3 Tl Tomatenmark
80 g gegarte Kichererbsen
1 Prise brauner Zucker
1 Tl Salz
200 g Couscous
Milch, Brühe oder Orangensaft nach Bedarf

AUSSERDEM

gusseiserner Topf (z. B. Dutch Oven, ohne Füße, Inhalt ca. 4 l bzw. ft 4.5)

ZUBEREITUNG

1. Schalotten und Knoblauch schälen und fein hacken, Zucchini fein würfeln.
2. Den Grill auf mittlere direkte Hitze (180 °C) vorbereiten. Gusstopf auf dem Rost direkt über der Glut aufheizen. Öl in der Pfanne erhitzen und Schalotten, Knoblauch und Zucchini darin leicht andünsten. Gewürze sowie das Tomatenmark hinzugeben und etwas dünsten.
3. Die Kichererbsen dazugeben und alles mit etwas Zucker und Salz abschmecken. Den Topf in den indirekten Bereich umstellen, den Deckel schließen und 10 Minuten dünsten.
4. Den Couscous nach Packungsangabe zubereiten und mit der Gemüsemischung vermengen. Wer den Couscous etwas sämiger mag, kann Milch, Brühe oder Orangensaft angießen.

VORBEREITUNGSZEIT: 10 Minute

GRILLZEIT: 10 Minute

GRILLART: direkt und indirekt (180 °C) | offener und geschlossener Deck

GEFL

ÜGEL

Vorbereitungszeit: 30 Minuten | **Ruhezeit:** 24 Stunden
Grillzeit: 5–6 Stunden

Grillart: Keramik-Grill (Summit Charcoal) | indirekt (160 °C)
geschlossener Deckel | räuchern

TIPP

Dazu passt der Süßkartoffel-Möhrenauflauf (s. S. 47).

GANZER TRUTHAHN
VOM SUMMIT CHARCOAL

FÜR 10 PERSONEN

2 l Apfelsaft
500 g brauner Zucker
250 g Salz
4 Bio-Orangen
100 g Ingwer
1 Knoblauchknolle
3 l Wasser
10 Nelken
6 Lorbeerblätter
1 Truthahn (ca. 6–8 kg)
10 El Rapsöl

AUSSERDEM

großer, lebensmittelechter Behälter
Küchengarn
Grillthermometer
1 Handvoll Räucherchips (⅓ Apfel, ⅓ Kirsche, ⅓ Buche)

ZUBEREITUNG

1. Apfelsaft, Zucker und Salz in einem Topf unter Rühren aufkochen. Etwa 1 Minute köcheln lassen, bis sich Salz und Zucker aufgelöst haben. Den Schaum abschöpfen und auf Zimmertemperatur abkühlen lassen.
2. Orangen vierteln, Ingwer schälen, Knoblauch schälen und in grobe Stücke schneiden. Wasser, Orangen, Ingwer, Nelken, Lorbeerblätter und Knoblauch in einen lebensmittelechten, großen Behälter geben. Die Apfelsaftmischung zugeben und gut umrühren. Hals, Innereien und Fett von der Pute entfernen und entsorgen. Den Truthahn in die Salzlake geben und komplett untertauchen. Gegebenenfalls beschweren, damit er unter der Oberfläche bleibt. 24 Stunden kühl stellen.
3. Den Summit Charcoal für mittleres Räuchern vorbereiten (160 °C). Dafür die Briketts unangezündet auf das untere Kohlenrost geben, mithilfe der Anzündhilfe in 10 Minuten durchglühen. Diffusorplatte einsetzen und die gewünschte Temperatur einstellen. Tropfschale auf die Diffusorplatte stellen und mit Wasser füllen.
4. Räucherchips auf die durchgeglühten Briketts geben und warten, bis Rauch aufsteigt. Die Pute aus der Lake nehmen, mit Küchenpapier trocken tupfen. Die Beine mit Küchengarn zusammenbinden und die Pute rundum mit Öl einpinseln.
5. Wenn der Rauch sichtbar wird, die Pute in den indirekten Bereich auf den Rost setzen und bei geschlossenem Deckel garen. Die Pute immer wieder mit Öl einpinseln.
6. Die Brust soll eine Kerntemperatur von 72 °C und die Keulen eine Kerntemperatur von 75 °C erreichen, das kann 5–6 Stunden dauern. Den Truthahn vom Grill nehmen und 10 Minuten ruhen lassen. Dann tranchieren.

WEIHNACHTSGANS
VOM GRILL

FÜR 4 PERSONEN

2 Äpfel
1 Bio-Orange
2 Zwiebeln
2 Stangen Staudensellerie
2 Zweige Thymian
2 Zweige Salbei
4 Zweige Beifuß
1 Tl edelsüßes Paprikapulver
1 küchenfertige Gans (5–6 kg)
4 Tl Salz

AUSSERDEM

Holzspieße
Küchengarn
Edelstahlschale oder gusseiserner Bräter

ZUBEREITUNG

1. Die Äpfel und die Orange waschen und in grobe Stücke schneiden. Die Zwiebeln schälen und zusammen mit dem Staudensellerie in feinere Stücke schneiden. Die Kräuter von den Zweigen zupfen und grob hacken. Obst und Gemüse mit den Kräutern vermengen und mit dem Paprikapulver würzen.
2. Die Gans mit der Mischung füllen und die Öffnung der Bauchhöhle mit Holzspießen verschließen. Die Keulen locker mit dem Küchengarn zusammenbinden. Gans von außen salzen.
3. Den Grill auf mittlere indirekte Hitze (160 °C) vorbereiten und die Gans mit der Brustseite nach unten in die Schale oder einen Bräter geben. Den Bräter auf den Rost in den indirekten Bereich stellen, den Deckel des Grills schließen und die Gans für 1 Stunde garen.
4. Die Gans wenden und weitere 2 ½ Stunden garen. Nun die Schale oder den Bräter aus dem Grill nehmen und die Gans direkt auf dem Rost für weitere 30 Minuten bei 220 °C mit geschlossenem Deckel indirekt weitergaren.
5. Die Gans tranchieren, die Füllung nicht mitservieren – sie sorgt lediglich für das Aroma.

Vorbereitungszeit: 30 Minuten | **Grillzeit:** 4 Stunden

Grillart: indirekt (160 °C und 220 °C) | geschlossener Deckel

TIPP

Dazu schmecken der gesmokte Chili-Rotkohl (s. S. 41) und selbstverständlich Klöße (entweder Kartoffelklöße oder die Knusprigen Knödel s. S. 55).

GRILLHÄHNCHEN
MIT SPINATFÜLLUNG

FÜR 4 PERSONEN

FÜR DAS HÄHNCHEN

200 g Spinat (frisch oder TK)

3 Schalotten

100 g Walnusskerne

3 Scheiben Toast

2 El Butter

Salz, Pfeffer

geriebene Muskatnuss

2 Knoblauchzehen

1 Ei

1 ganzes Hähnchen (1,5–2 kg)

2 Tl edelsüßes Paprikapulver

1 Tl getrockneter Majoran

1 Tl brauner Zucker

½ Tl Knoblauchgranulat

½ Tl getrockneteter Thymian

1 El Öl

Rosmarin oder Thymian zum Servieren

AUSSERDEM

Fleischnadel

Küchengarn

Drehspieß mit Motor

Grillthermometer

ZUBEREITUNG

1. Zunächst die Füllung für das Hähnchen vorbereiten. Dafür den Spinat gegebenenfalls auftauen und gut ausdrücken oder den frischen Spinat putzen und grob hacken. Die Schalotten schälen und fein würfeln.
2. Die Walnüsse grob hacken. Das Toastbrot in etwa 1 cm große Würfel schneiden. 1 El Butter in einem Topf zerlassen und die Schalotten darin kurz anschwitzen. Spinat und Walnüsse hinzufügen, kurz mitdünsten, dann den Topf vom Herd nehmen und gut mit Salz, Pfeffer und Muskat würzen.
3. In einer Pfanne 1 El Butter zerlassen und die Toastwürfel darin anrösten. Knoblauch schälen, grob hacken, zum Brot geben und durchrühren. Die Spinatmasse unterrühren. Das Ei dazugeben und alles gut vermengen. Etwas abkühlen lassen und das Huhn mit der Masse füllen. Mithilfe einer Fleischnadel und Küchengarn zunähen.
4. Paprikapulver, Majoran, Zucker, Knoblauchgranulat, Thymian, Pfeffer und Salz miteinander vermengen. Das Grillhähnchen zunächst leicht mit Öl, dann mit der Gewürzmischung einreiben und leicht einmassieren. Flügel und Keulen mit etwas Küchengarn zusammenbinden und das Huhn auf den Drehspieß stecken.
5. Den Grill auf mittlere indirekte Hitze (180 °C) vorbereiten, den Spieß in den Grill geben und Motor einschalten, den Deckel schließen. Pro Kilo ca. 60 Minuten bis zu einer Kerntemperatur von 72 °C in der Brust und 75 °C in der Keule grillen. Alternativ das Huhn direkt auf den Rost legen und regelmäßig wenden.
6. Dazu passt der Kichererbsen-Couscous (s. S. 58).

TIPP

Das Video zum Rezept

Vorbereitungszeit: 40 Minuten | **Grillzeit:** 90–120 Minuten

Grillart: indirekt (180 °C) | geschlossener Deckel

HÄHNCHENBRUST
MIT KAFFEE-PARMESAN-KRUSTE

FÜR 4 PERSONEN

4 Hähnchenbrüste (à 250 g)

2 Tl Salz

2 Tl Zucker

1 Tl Pfefferkörner

½ Tl Knoblauchgranulat

½ Tl Backkakaopulver

¼ Tl Kreuzkümmelsamen

¼ Tl geräuchertes Paprikapulver

¼ Tl Cayennepfefferpulver

1 Tl Kaffeepulver

½ Tl Instant-Kaffee

50 g Parmesan

AUSSERDEM

Grillthermometer

ZUBEREITUNG

1. Alle Gewürze mit dem Kaffeepulver in einen Mörser geben und fein mahlen. Die Hähnchenbrüste mit ⅔ des Kaffee-Rubs einreiben und 3 Stunden Im Kühlschrank marinieren. Parmesan fein reiben und mit dem restlichen Rub vermengen.
2. Grill auf starke indirekte Hitze (200 °C) vorbereiten. Die marinierten Hähnchenbrüste auf den Rost in den indirekten Bereich geben und bei geschlossenem Deckel garen.
3. Ab einer Kerntemperatur von 62 °C die Hähnchenbrüste mit dem Parmesan-Kaffee-Rub-Gemisch bestreuen und bis zu einer Kerntemperatur von 72 °C überbacken.

Vorbereitungszeit: 15 Minuten | **Ruhezeit:** 3 Stunden
Grillzeit: ca. 90–120 Minuten

Grillart: indirekt (200 °C) | geschlossener Deckel
Kerntemperatur 72 °C

TIPP

Dazu passen die Knusprigen Knödel (S. 55)

Vorbereitungszeit: 20 Minuten
Grillzeit: 40 Minuten

Grillart: direkt (160–180 °C) | indirekt (140 °C) | offener und geschlossener Deckel | Kerntemperatur 72–76 °C (medium)

GEGRILLTE ENTENBRUST
MIT PREISELBEERGLASUR UND MARONEN-MAYONNAISE

FÜR 4 PERSONEN

FÜR DIE MAYONNAISE

1 Schalotte
50 g gegarte Maronen
2 Zweige Thymian
1 Tl Butter
20 g brauner Zucker
5 El Mayonnaise

FÜR DIE ENTE

2 Entenbrüste mit Haut
Salz
2 Tl Preiselbeeren
1 Tl Sherryessig
1 Tl brauner Zucker

AUSSERDEM

Grillthermometer

ZUBEREITUNG

1. Die Schalotte schälen und fein würfeln. Die Maronen fein hacken und den Thymian von den Zweigen zupfen. Die Butter in einer Pfanne zerlassen. Die Schalotte hinzugeben, den Zucker darüberstreuen und die Schalotte karamellisieren lassen. Thymian und Maronen dazugeben und 10 Minuten bei mittlerer Hitze dünsten. Komplett abkühlen lassen, mit der Mayonnaise vermischen und pürieren.
2. Die Entenbrüste abtupfen und die Haut mit einem scharfen Messer rautenförmig einschneiden. Die Hautseite mit dem Salz würzen. Die Preiselbeeren mit dem Essig, dem Zucker und Salz mischen.
3. Den Grill auf mittlere direkte Hitze (160–180 °C) vorbereiten und die Entenbrüste zunächst mit der Hautseite auf den Rost direkt über die Glut legen. Nach etwa 2 Minuten wenden und in den indirekten Bereich umsetzen.
4. Die Hautseite mit der Preiselbeerglasur bestreichen und bei geschlossenem Deckel bis zu einer Kerntemperatur von 72–76 °C (medium) garen.

TIPP

Dazu passt das Semmelknödelsoufflé (s. S. 57).

SCH

WEIN

ROLLBRATEN
AUF SAUERKRAUTBETT

FÜR 4 PERSONEN

1 Schweinenacken (ca. 2 kg)
Salz
Pfeffer
1 Zwiebel
1 Knoblauchzehe
500 g Sauerkraut
100 g Speckwürfel
5 El BBQ-Sauce

AUSSERDEM

Zedernholzplanke
Küchengarn
Grillthermometer

ZUBEREITUNG

1. Die Zedernholzplanke 30 Minuten wässern. Schweinenacken mit einem langen, scharfen Messer auf ca. einem Drittel der Dicke ein-, aber nicht durchschneiden. Das dickere Stück aufklappen und von der Schnittkante aus ebenfalls ein- und nicht durchschneiden, sodass ein länglicher Fleischstreifen entsteht. Fleischinnenseite kräftig mit Salz und Pfeffer würzen.
2. Zwiebel schälen und in Streifen schneiden, Knoblauch schälen und fein würfeln, beides auf dem Fleisch verteilen. Den Braten der Länge nach stramm aufrollen. Mit dem Küchengarn fixieren und außen noch einmal mit Salz würzen.
3. Sauerkraut, Speckwürfel und BBQ-Sauce vermengen und auf die Zedernholzplanke geben. Den Braten oben auf das Sauerkrautbett setzen.
4. Den Grill auf starke indirekte Hitze (200 °C) vorbereiten. Den Braten auf den Rost in den indirekten Bereich legen und bis zu einer Kerntemperatur von 72 °C garen. Das dauert etwa 2 Stunden. Planke vom Grill nehmen und den Braten 5 Minuten ruhen lassen. Dann aufschneiden und zusammen mit dem Sauerkraut servieren.

TIPP

Zum Rollbraten kannst du das Semmelknödelsoufflé (s. S. 57) servieren.

Vorbereitungszeit: 30 Minuten | **Ruhezeit:** 30 Minuten
Grillzeit: ca. 2 Stunden (du kannst ca. 1 Stunde pro Kilogramm Braten rechnen)

Grillart: indirekt (200 °C) | geschlossener Deckel
Kerntemperatur 72 °C

PEANUTBUTTER JELLY RIBS

FÜR 4 PERSONEN

FÜR DEN BBQ-RUB

3 El brauner Zucker

1 ½ El Paprikapulver

1 ½ El Salz

1 ½ El Pfeffer

1 Tl Knoblauchpulver

1 Tl Zwiebelgranulat

1 Tl Kreuzkümmelsamen

1 Tl geräuchertes Paprikapulver

1 Tl Thymian

FÜR DIE RIPPCHEN

4 Leitern Kotelett-Rippchen

600 ml Apfelsaft

150 g Erdnussbutter

100 g Himbeerkonfitüre

20 ml Apfelessig

AUSSERDEM

1 Handvoll Räucherchips (Kirsche oder Birne)

feuerfeste Form

ZUBEREITUNG

1. Alle Zutaten für den Rub im Mörser fein mahlen.
2. Die Kotelett-Rippchen vorbereiten. Dazu die feste Silberhaut auf der Rückseite entfernen. Die Rippchen mit Rub bestreuen.
3. Den Grill auf niedrige indirekte Hitze (110–130 °C) vorbereiten und die Rippchen auf den Rost in den indirekten Bereich legen. Die Räucherchips auf die durchgeglühten Briketts geben, den Deckel schließen und die Rippchen 2 Stunden räuchern.
4. Dann die Rippchen in eine feuerfeste Form geben und mit 500 ml Apfelsaft angießen. Die Form mit Alufolie verschließen und die Rippchen wieder auf den Rost in den indirekt Bereich stellen. Weitere 3 Stunden bei geschlossenem Deckel dämpfen.
5. In der Zwischenzeit die Erdnussbutter zusammen mit der Konfitüre, 100 ml Apfelsaft und dem Apfelessig in einen Topf geben und alles bei mittlerer Hitze unter Rühren 10 Minuten köcheln lassen.
6. Nach der Garzeit die Rippchen aus der Form nehmen und ohne Form auf den Rost in den indirekten Bereich legen. Die Fleischseite mit der Erdnussbutter-Konfitüren-Glasur bestreichen. Weitere 15 Minuten bei geschlossenem Deckel grillen, erneut mit der Glasur bestreichen und weitere 15 Minuten grillen. Dann sind die Rippchen servierfertig.

Vorbereitungszeit: 30 Minute

Grillart: indirekt (110–130 °C
geschlossener Deckel | räucher

TIPP

Dazu passt das Gratinierte Spinat-Käse-Baguette *(s. S. 33).*

Vorbereitungszeit: 15 Minuten
Grillzeit: 2 ½ Stunden

Grillart: indirekt (180 °C) | geschlossener Deckel
Kerntemperatur 75 °C

SALZBRATEN
VOM SCHWEIN

FÜR 4 PERSONEN

4 Knoblauchzehen

2 Zweige Rosmarin

4 El Senf

2 El gehackte glatte Petersilie

1 Tl Pfeffer

2 Tl Salz

Olivenöl

1 Schweinenacken (ca. 2,5 kg)

1 ½ kg grobes Meersalz

AUSSERDEM

Grillthermometer

feuerfeste Form

ZUBEREITUNG

1. Knoblauchzehen schälen und fein hacken. Rosmarin von den Zweigen streifen und ebenfalls fein hacken. Alle Zutaten, bis auf den Schweinenacken und das grobe Salz, zu einer Würzpaste verrühren.
2. Den Nacken von allen Seiten dick mit der Paste bestreichen. Das grobe Salz in eine feuerfeste Form geben und den Nacken auf das Salzbett legen.
3. Den Grill auf mittlere indirekte Hitze (180 °C) vorbereiten. Die Form mit dem Nacken auf den Rost in den indirekten Bereich stellen. Den Deckel schließen und den Nacken bis zu einer Kerntemperatur von 75 °C grillen, das dauert etwa 2 ½ Stunden. Aus der Form heben und aufschneiden.

TIPP

Dazu passt der geräucherte Kartoffelstampf *(s. S. 49).*

MUTZBRATEN
VOM GRILL

FÜR 4 PERSONEN

1 Schweinenacken (ca. 1,5 kg)
3 Tl getrockneter Majoran
2 Tl grobes Salz
Pfeffer
2 mittelgroße Zwiebeln
1 Tl Butter
500 g Sauerkraut
1 Lorbeerblatt
200 ml Rinderfond
25 ml Weißwein
Salz
geriebene Muskatnuss

AUSSERDEM

Senf
frisches Brot
Drehspieß mit Motor
Grillthermometer

ZUBEREITUNG

1. Den Schweinenacken am Vortag in grobe Würfel schneiden und mit Majoran, Salz und Pfeffer würzen. Über Nacht zugedeckt im Kühlschrank marinieren.
2. Die Zwiebeln schälen und in Ringe schneiden. Die Butter in einem Topf zerlassen und die Zwiebeln darin glasig dünsten. Das Sauerkraut und das Lorbeerblatt dazugeben und etwa 5 Minuten anschwitzen. Mit dem Fond und dem Weißwein ablöschen und das Sauerkraut 15 Minuten bei mittlerer Hitze köcheln lassen. Mit Salz, Pfeffer und Muskatnuss abschmecken. Das Sauerkraut in eine feuerfeste Form geben.
3. Die Fleischstücke auf einem Drehspieß fixieren und den Grill auf mittlere indirekte Hitze (160–180 °C) vorbereiten. Die Schale mit dem Sauerkraut auf den Rost in den indirekten Bereich stellen und das Fleisch mit dem Drehspieß darüber positionieren. Den Deckel schließen und bis zu einer Kerntemperatur von 72 °C garen, das dauert etwa 1 ½ Stunden.
4. Das Fleisch zusammen mit dem Sauerkraut, Senf, frischem Brot oder den Knusprigen Knödeln (s. S. 55) servieren.

TIPP

Alternativ den Braten direkt auf den Rost legen und regelmäßig wenden.

Vorbereitungszeit: 30 Minuten | **Ruhezeit:** 12 Stunden
Grillzeit: 1 ½ Stunden

Grillart: indirekt (160–180 °C) | geschlossener Deckel
Kerntemperatur 72 °C

ORANGEN-
PORK-ROAST

FÜR 4 PERSONEN

1 Tl Pfefferkörner
1 Tl Senfkörner
½ Tl Pimentkörner
1 Zweig Thymian
1 Zweig Rosmarin
1 Tl Salz
1 Bio-Orange
2 kg Schweinenacken ohne Knochen
1 große Zwiebel
400 ml Entenfond
500 ml Schwarzbier
1 Sternanis
1 El Tomatenmark

AUSSERDEM

Speisestärke zum Binden
Zahnstocher
Tropfschale
feuerfester Topf (z. B. Dutch Oven ohne Füße, Inhalt ca. 6 l bzw. ft 6)
Grillthermometer

ZUBEREITUNG

1. Pfeffer, Senf und Piment in einer Pfanne ohne Fett leicht anrösten, bis die Gewürze anfangen zu duften und leicht knacken. Thymian und Rosmarin von den Zweigen zupfen und in einem Mörser mit den angerösteten Gewürzen zerstoßen. Salz dazugeben und noch einmal gut mörsern.
2. Von der Orange Zesten abziehen, zu den Gewürzen in den Mörser geben und fein zerstoßen. Gewürzmischung großzügig auf dem Schweinenacken verteilen. Die Orange in Scheiben schneiden und mit Zahnstochern auf dem Schweinenacken fixieren.
3. Zwiebel schälen und in grobe Stücke schneiden. Fond, Schwarzbier, Zwiebeln und Sternanis in eine Tropfschale geben.
4. Den Grill auf mittlere indirekte Hitze (150 °C) vorbereiten und die Tropfschale unter dem Rost im indirekten Bereich platzieren. Den Schweinenacken über die Tropfschale legen, den Deckel schließen und den Nacken bis zu einer Kerntemperatur von 72 °C garen. Das dauert etwa 2 Stunden.
5. Schweinenacken vom Grill nehmen und warm stellen. Die Flüssigkeit aus der Tropfschale durch ein Sieb streichen und einen feuerfesten Topf auf den Rost direkt über die Glut stellen und erhitzen.
6. Tomatenmark in den Topf geben und leicht anrösten. Die Flüssigkeit aus der Tropfschale dazugeben und 5 Minuten einkochen. Gegebenenfalls mit etwas Stärke binden.

TIPP

Dazu passen die Bacon-Schupfnudeln *(s. S. 52).*

Vorbereitungszeit: 35 Minuten

Grillzeit: ca. 2 Stunden (du kannst ca. 1 Stunde pro Kilogramm Braten rechnen)

Grillart: indirekt (150 °C) | direkt (180 °C) | geschlossener Deckel | Kerntemperatur 72 °C

Vorbereitungszeit: 30 Minuten | **Ruhezeit:** 1 Stunde
Grillzeit: ca. 35 Minuten

Grillart: direkt (180 °C und 300 °C) | indirekt (180 °C)
offener und geschlossener Deckel | Kerntemperatur 55 °C

TIPP
Das Video zum Rezept

DRY-AGED SCHWEINESTEAK
MIT TRÜFFEL-GRAUPEN-RISOTTO

FÜR 4 PERSONEN

2 Dry-aged Schweinesteaks (à 400 g)
Fleur de Sel
40 g schwarzer Trüffel
3 Schalotten
2 Knoblauchzehen
3 El Olivenöl
250 g Graupen
150 ml Bockbier
1 l Rinder- oder Gemüsebrühe
80 g Parmesan
2 El Butter
Salz
Pfeffer

AUSSERDEM

Seitenkocher oder feuerfeste Töpfe
Grillthermometer

ZUBEREITUNG

1. Schweinesteaks von beiden Seiten mit Fleur de Sel würzen und bei Zimmertemperatur abgedeckt 1 Stunden ruhen lassen. Trüffel schälen und die Schale fein hacken. Schalotten und Knoblauch schälen und fein würfeln.
2. Den Grill auf mittlere direkte Hitze (180 °C) vorbereiten (alternativ den Seitenkocher nutzen). Einen Topf auf den Rost direkt über die Glut stellen und das Öl darin erhitzen. Schalotten und Knoblauch dazugeben und glasig andünsten. Graupen dazugeben und ebenfalls andünsten. Mit dem Bier ablöschen und komplett reduzieren lassen.
3. Einen zweiten Topf dazustellen und dort die Brühe erwärmen, aber nicht kochen. Wenn das Bier fast verkocht ist, die gehackte Trüffelschale dazugeben und etwas Brühe angießen, sodass die Graupen gerade eben bedeckt sind. Die Brühe einköcheln lassen. Diesen Vorgang solange wiederholen, bis die Graupen weich sind, aber noch leicht Biss haben. Den Topf vom Grill nehmen.
4. Den Parmesan reiben und mit der Butter unter das Risotto rühren. Mit Salz und Pfeffer abschmecken. Risotto solange warm stellen, bis die Steaks fertig sind.
5. Den Grill nun auf sehr hohe direkte Hitze (300 °C) vorbereiten. Steaks von beiden Seiten je 2 Minuten angrillen. Dann den Grill auf mittlere indirekte Hitze umbauen (180 °C) und die Steaks bei geschlossenem Deckel bis zu einer Kerntemperatur von 55 °C garen.
6. Den restlichen Trüffel über das Risotto hobeln und mit den Steaks servieren.

GESCHMORTE SCHWEINEBÄCKCHEN IN APFELSAUCE

FÜR 4 PERSONEN

800 g parierte Schweinebäckchen
Salz
Pfeffer
4 El Mehl
4 Äpfel
4 El Rapsöl
4 Zwiebeln
600 ml Weißwein
2 Lorbeerblätter
1 Tl Pimentkörner

AUSSERDEM

gusseiserne Pfanne

ZUBEREITUNG

1. Schweinebäckchen mit Salz und Pfeffer würzen und in Mehl wälzen. Äpfel schälen, entkernen und achteln.
2. Grill auf starke direkte Hitze (250 °C) vorbereiten. Eine gusseiserne Pfanne auf den Rost stellen und aufheizen. Öl in der Pfanne erhitzen und Schweinebäckchen von allen Seiten goldbraun anbraten.
3. Zwiebeln schälen und in feine Streifen schneiden. Schweinebäckchen aus der Pfanne nehmen, Zwiebeln und $^2/_3$ der Apfelspalten dazugeben und anrösten. Mit Weißwein ablöschen. Lorbeer und Piment dazugeben. Aufkochen lassen und Schweinebäckchen dazugeben .
4. Grill auf mittlere indirekte Hitze (160 °C) umbauen und Pfanne mit Alufolie abdecken. Auf dem Rost im indirekten Bereich mit geschlossenem Deckel 2 ½ Stunden schmoren lassen, zwischendurch prüfen, ob noch genügend Flüssigkeit in der Pfanne ist, gegebenenfalls Wasser oder Wein nachgießen.
5. Kurz vor Ende der Garzeit die restlichen Apfelspalten auf dem Rost direkt über der Glut leicht angrillen und zu den Bäckchen geben. Alles noch einmal mit Salz und Pfeffer abschmecken.

TIPP

Dazu passt der Kartoffel-Dauphinois *(s. S. 50).*

Vorbereitungszeit: 30 Minuten

Grillzeit: 2 ½ Stunden

Grillart: direkt (250 °C) | indirekt (160 °C) | offener und geschlossener Deckel

SCHWEINEFILET
IM SPECKMANTEL MIT PFLAUMEN-SENF-FÜLLUNG

FÜR 4 PERSONEN

FÜR DEN RUB

5 Lorbeerblätter
12 Wacholderbeeren
8 Pimentkörner
2 Kardamomkapseln
1 Tl Pfefferkörner
1 Tl Senfkörner
1 Tl Korianderkörner
1 Tl Chiliflocken
1 Tl edelsüßes Paprikapulver
1 Tl getrockneter Majoran
1 Tl getrockneter Thymian

FÜR DAS FILET

1 Apfel
1 Schalotte
50 g Backpflaumen
1 Tl Butter
50 ml Orangensaft
1 El Honig
50 g Haselnüsse
3 El Dijonsenf
1 Schweinefilet (ohne Kopf und Kette)
100 g Bacon

AUSSERDEM

Grillthermometer

ZUBEREITUNG

1. Alle Zutaten für den Rub im Mörser fein mahlen.
2. Den Apfel und die Schalotte schälen und zusammen mit den Pflaumen in feine Würfel schneiden. Die Butter in einer Pfanne zerlassen und die Schalotte darin anschwitzen. Pflaumen und Apfel dazugeben und etwa 5 Minuten bei niedriger Hitze unter Rühren schmoren.
3. Mit dem Orangensaft ablöschen und den Honig dazugeben. Weitere 10 Minuten köcheln lassen. Die Pfanne vom Herd nehmen, die Haselnüsse grob hacken und zusammen mit dem Senf unter die Masse heben.
4. Mit einem scharfen Messer eine Tasche in das Schweinefilet schneiden und das Fleisch mit dem Rub außen und innen würzen. Die Pflaumen-Senf-Masse in das Schweinefilet geben und das Filet mit dem Bacon umwickeln.
5. Den Grill auf mittlere indirekte Hitze (140–160 °C) vorbereiten, das Schweinefilet auf den Rost in den indirekten Bereich legen und bei geschlossenem Deckel bis zu einer Kerntemperatur von 58 °C (rosa) bzw. 65 °C (vollgar) ziehen lassen.

Vorbereitungszeit: 20 Minute

Grillzeit: 35 Minute

Grillart: indirekt (140–160 °C) | geschlossener Deck
Kerntemperatur 58 °C (rosa) bzw. 65 °C (vollga

TIPP

Dazu passen die herzhaften Spinatwaffeln (s. S. 27).

BIER-
BRATWURST

FÜR 4 PERSONEN

3 große Zwiebeln
2 Tl Butter
3 El brauner Zucker
1 Tl gemahlenes Piment
Salz
Pfeffer
500 ml Bier
4 grobe Bratwürste
150 g geriebener Gouda
2 Tl getrockneter Thymian
4 Hotdog-Brötchen

ZUBEREITUNG

1. Die Zwiebeln schälen und in gleichmäßige Ringe schneiden. Die Butter in einer Pfanne zerlassen und die Zwiebelringe darin anschwitzen. Den Zucker darüberstreuen und die Zwiebeln bei mittlerer Hitze karamellisieren lassen. Mit Piment, Salz und Pfeffer würzen und mit Bier ablöschen.
2. Die Würstchen mit einem Messer einstechen und in den Biersud geben. Bei mittlerer Hitze 10 Minuten schmoren lassen. Die Würstchen aus dem Sud nehmen. Die Zwiebeln mit einer Schaumkelle ebenfalls aus dem Sud nehmen und in eine Schüssel geben.
3. Den Käse in den Biersud geben und unter Rühren schmelzen. Die Sauce mit dem Thymian abschmecken.
4. Den Grill auf starke direkte Hitze (250 °C) vorbereiten und die Würstchen von allen Seiten goldbraun angrillen. Die Brötchen einschneiden und die Würstchen hineingeben. Die Zwiebeln über die Würstchen geben und mit der Sauce beträufeln.

VORBEREITUNGSZEIT: 15 Minuten

GRILLZEIT: 30 Minuten

GRILLART: direkt (250 °C) | offener Deckel

BACON BOMB
MIT GETROCKNETEN FRÜCHTEN

FÜR 4 PERSONEN

1 kg Rinderhackfleisch
3 El BBQ-Rub (s. S. 72)
1 Zwiebel
150 g getrocknete Aprikosen
150 g Backpflaumen
150 g getrocknete Kirschen
50 g getrocknete Datteln
2 El Butter
200 ml Kirschsaft
500 g Bacon

AUSSERDEM

1 Handvoll Räucherchips (Kirsche oder Birne)
Grillthermometer

ZUBEREITUNG

1. Das Hackfleisch mit dem BBQ-Rub würzen, gut vermischen und 30 Minuten durchziehen lassen. In der Zwischenzeit die Zwiebel schälen und fein hacken. Das Trockenobst ebenfalls fein hacken. Die Butter in einem Topf zerlassen. Die Zwiebel und das Trockenobst dazugeben und 5 Minuten unter Rühren anschwitzen. Mit dem Kirschsaft ablöschen, aufkochen lassen, die Hitze reduzieren und 10 Minuten köcheln lassen. Anschließend vom Herd nehmen.
2. Den Bacon auf einem Bogen Backpapier zu einem Netz weben und das Hackfleisch darauf verteilen. Die Fruchtmasse in die Mitte geben und mithilfe des Backpapiers zu einer Bacon Bomb rollen.
3. Den Grill auf mittlere indirekte Hitze (140–160 °C) vorbereiten und die Bacon Bomb auf den Rost in den indirekten Bereich legen. Die Räucherchips auf den durchgeglühten Briketts verteilen. Den Deckel schließen und die Bacon Bomb räuchern und bis zu einer Kerntemperatur von 68 °C garen.
4. Mit den Waldpilzbuns (s. S. 28) und dem Rotkohl (s. S. 41) lassen sich leckere Burger bauen.

Vorbereitungszeit: 45 Minuten | **Ruhezeit:** 30 Minuten
Grillzeit: 2 Stunden

Grillart: indirekt (140–160 °C) | geschlossener Deckel räuchern | Kerntemperatur 68 °C

TIPP
Das Video zum Rezept

KALB

& RIND

RINDERHÜFTE
IM PFEFFERMANTEL

FÜR 4 PERSONEN

3 Tl bunte Pfefferkörner

2 Tl Meersalz

2 Tl getrockneter Thymian

1 Tl getrockneter Rosmarin

1 Knoblauchzehe

1 kg Rinderhüfte

AUSSERDEM

1 Handvoll Räucherchips (Buche)

Grillthermometer

ZUBEREITUNG

1. Die Pfefferkörner in eine Pfanne geben und ohne Fett trocken anrösten. Pfeffer, Salz, Thymian und Rosmarin in einen Mörser geben und zerstoßen. Den Knoblauch schälen, fein hacken und mit den zerstoßenen Gewürzen vermengen. Die Gewürzmischung auf einen Teller geben und die Rinderhüfte darin wälzen.
2. Den Grill auf niedrige indirekte Hitze (110–130 °C) vorbereiten. Die Hüfte auf den Rost in den indirekten Bereich legen, die Räucherchips auf den durchgeglühten Briketts verteilen, den Deckel schließen und die Rinderhüfte bis zu einer Kerntemperatur von 57 °C räuchern.

Vorbereitungszeit: 10 Minuten | **Grillzeit:** 60 Minuten

Grillart: indirekt (110–130 °C) | geschlossener Deckel | räuchern | Kerntemperatur 57 °C

TIPP

Dazu passen der geräucherte Kartoffelstampf (s. S. 49), der Süßkartoffel-Möhren-Auflauf (s. S. 47) oder die Bacon-Schupfnudeln (s. S. 52).

ROASTBEEF
MIT ORANGEN-GLASUR

FÜR 8 PERSONEN

FÜR DAS ROASTBEEF

3 kg Roastbeef
Salz
Pfeffer

FÜR DIE GLASUR

2 Schalotten
2 Knoblauchzehen
2 cm Ingwer
2 El Öl
1 l Schwarzbier
300 g Orangenmarmelade
3 El Worcestersauce
1 Tl Chilipulver
2 El Senf
3 El Cointreau
1 El Ahornsirup
1 Tl Pfeffer
1 Tl Salz

AUSSERDEM

Grillthermometer
gusseiserner Topf (z. B. Dutch Oven ohne Füße, Inhalt ca. 6 l bzw. ft 6)

ZUBEREITUNG

1. Den Grill auf mittlere indirekte Hitze (150 °C) vorbereiten. Das Roastbeef mit Salz und Pfeffer würzen und auf den Rost in den indirekten Bereich legen. Den Deckel schließen und zunächst bis zu einer Kerntemperatur von 48 °C garen.
2. In der Zwischenzeit die Glasur zubereiten. Dafür die Schalotten und den Knoblauch schälen und fein hacken. Den Ingwer schälen und reiben. Einen gusseisernen Topf auf den Rost direkt über die Glut stellen. Etwas Öl darin erhitzen und Schalotten und Knoblauch darin anbraten. Mit dem Bier ablöschen. Die restlichen Zutaten für die Glasur dazugeben und einköcheln lassen.
3. Sobald das Roastbeef die Kerntemperatur von 48 °C erreicht hat, das Fleisch mit der Glasur bestreichen.
4. Weiter garen, bis eine Kerntemperatur von 55 °C erreicht ist, zwischendurch noch 1–2-mal mit der Glasur bestreichen. Das dauert insgesamt etwa 1 ½ Stunden. Das Fleisch aus dem Grill nehmen und locker abgedeckt etwa 10 Minuten ruhen lassen. Aufschneiden und mit der restlichen Glasur servieren.

Vorbereitungszeit: 25 Minut

Grillzeit: 1 ½ Stund

Grillart: indirekt (150 °C) | direkt (180 °C) | geschlossener Decl
Kerntemperatur zunächst 48 °C, dann 55

TIPP

Mit dem Süßkartoffel-Möhren-Auflauf (s. S. 47) ein Gedicht!

Vorbereitungszeit: 25 Minuten | **Ruhezeit:** 1 Stunde
Grillzeit: 60 Minuten

Grillart: direkt (280–350 °C) | indirekt (110 °C) | offener und geschlossener Deckel | Kerntemperatur von 52 °C

RINDERFILET

MIT ERBSEN-KARTOFFEL-STAMPF

FÜR 4 PERSONEN

600 g Rinderfilet
1 Tl grobes Meersalz
500 g mehligkochende Kartoffeln
500 g Erbsen (TK)
50 g Butter
150 ml Milch
Salz
Pfeffer
geriebene Muskatnuss
1 Bund Rosmarin
250 g Nüsse (gemischt oder fertiger Nussmix, nach Geschmack)

AUSSERDEM

Grillthermometer

ZUBEREITUNG

1. Das Rinderfilet 1 Stunde vor der Zubereitung aus dem Kühlschrank nehmen. Etwa 30 Minuten vor der eigentlichen Zubereitung mit etwas grobem Meersalz bestreuen.
2. Kartoffeln schälen und in reichlich gesalzenem Wasser garen. Die Erbsen mit 40 g Butter in einer Pfanne leicht anrösten und garen. Die gekochten Kartoffeln zu den Erbsen geben und alles mit der Milch zu einem Püree stampfen. Mit Salz, Pfeffer und Muskat abschmecken.
3. Den Grill auf sehr hohe direkte Hitze (280–350 °C) vorbereiten. Das Filet zunächst auf den Rost direkt über der Glut von allen Seiten angrillen. Dann in den indirekten Bereich umsetzen und bei geschlossenem Deckel bis zu einer Kerntemperatur von 52 °C garen.
4. Währenddessen den Rosmarin von den Zweigen streifen und fein hacken. Nüsse grob hacken. Die restliche Butter in einem Topf auf dem Herd oder dem Grill zerlassen und Rosmarin sowie Nüsse darin erwärmen. Den Nussmix auf ein großes Brett schütten und mit etwas Pfeffer bestreuen. Das Filet darin wälzen und am Stück oder in Scheiben zusammen mit dem Püree servieren.

Alternativ: Statt auf dem Rost, kann das Filet auch in einer schweren Eisenpfanne zubereitet werden. Fürs Auge und den Gaumen kann ein Schuss Kürbiskernöl über das Gericht gegeben werden.

Vorbereitungszeit: 15 Minuten | **Ruhezeit:** 1 Stunde
Grillzeit: 45 Minuten

Grillart: direkt (300 °C) | indirekt (180 °C) | offener und geschlossener Deckel | Kerntemperatur von 57 °C

ONGLET
MIT BÉCHAMELKARTOFFELN

FÜR 4 PERSONEN

1 Onglet (Nierenzapfen)

1 Tl grobes Meersalz

10 kleine festkochende Kartoffeln

1 Zwiebel

30 g Butter

100 g Schinkenwürfel

40 g Mehl

250 ml Gemüsebrühe

250 ml Milch

1 Tl frisch geschroteter Pfeffer

1 Bund Schnittlauch

AUSSERDEM

Grillthermometer

ZUBEREITUNG

1. Das Onglet mindestens 1 Stunde vor der Zubereitung aus dem Kühlschrank nehmen. Etwa 30 Minuten vor der eigentlichen Zubereitung mit etwas grobem Meersalz bestreuen.
2. Kartoffeln schälen und in reichlich gesalzenem Wasser garen. Die Zwiebel schälen und in feine Würfel schneiden.
3. Den Grill auf sehr hohe direkte Hitze (300 °C) vorbereiten und eine Pfanne auf den Rost direkt über die Glut stellen. Butter in der Pfanne zerlassen, Schinkenwürfel und Zwiebeln in die Pfanne geben und anschwitzen.
4. Das Mehl unter Rühren hinzugeben und mit der Brühe ablöschen. Anschließend die Milch einrühren und die Sauce kurz aufkochen lassen. Die Pfanne in den indirekten Bereich ziehen.
5. Das Onglet zunächst auf den Rost direkt über die Glut legen und von allen Seiten angrillen. Dann den Grill auf mittlere indirekte Hitze umbauen (180 °C), das Onglet in den indirekten Bereich umsetzen und bis zu einer Kerntemperatur von 57 °C garen. Das dauert etwa 45 Minuten.
6. Kurz bevor das Onglet vom Grill kommt, die Kartoffeln in Scheiben schneiden und in die Sauce geben, mit Salz und Pfeffer abschmecken.
7. Den Schnittlauch in feine Röllchen schneiden und das Onglet aufschneiden. Das aufgeschnittene Fleisch pfeffern, die Béchamelkartoffeln dazugeben und mit dem Schnittlauch bestreuen.

Vorbereitungszeit: 1 Stunde | **Ruhezeit:** 12 Stunden
Grillzeit: 1 Stunde

Grillart: indirekt (140–160 °C) | geschlossener Deckel
Kerntemperatur 65 °C

KALBSRÜCKEN
MIT PILZSAUCE

FÜR 4 PERSONEN

1 Tl Pfefferkörner
2 Tl Senfkörner
3 Tl Meersalz
1 Tl getrockneter Estragon
1 kg Kalbsrücken
80 g Dijonsenf
500 g Champignons
¼ Knollensellerie
1 Zwiebel
1 Knoblauchzehe
2 El Butter
100 ml Weißwein
300 ml Rinderfond
100 g Crème fraîche
Salz
Pfeffer

AUSSERDEM

Grillthermometer
gusseiserne Pfanne

ZUBEREITUNG

1. Pfeffer- und Senfkörner in einer Pfanne ohne Öl trocken rösten, anschließend mit dem Salz und dem Estragon im Mörser zerstoßen. Den Kalbsrücken mit Senf bestreichen, die Gewürzmischung darüberstreuen und über Nacht im Kühlschrank durchziehen lassen.
2. Den Grill auf mittlere indirekte Hitze (140–160 °C) vorbereiten. Den Kalbsrücken auf den Rost in den indirekten Bereich legen und bei geschlossenem Deckel bis zu einer Kerntemperatur von 65 °C garen. Das dauert etwa 1 Stunde.
3. Die Champignons vierteln. Sellerie, Zwiebel und Knoblauch schälen und in feine Würfel schneiden. Die Hälfte der Butter in einer Pfanne auf dem Grill oder dem Herd zerlassen. Sellerie, Zwiebel und Knoblauch darin anschwitzen. Mit Weißwein ablöschen und kurz aufkochen lassen. Den Rinderfond dazugeben und alles 20 Minuten bei mittlerer Hitze köcheln lassen.
4. Die Sauce pürieren und die Crème fraîche einrühren. Die restliche Butter in einer weiteren Pfanne zerlassen, die Champignons darin kurz anschwitzen und schließlich zur Sauce geben. Alles mit Salz und Pfeffer abschmecken.
5. Dazu passt der Süßkartoffel-Möhren-Auflauf (s. S. 47).

Vorbereitungszeit: 30 Minuten
Grillzeit: ca. 2 Stunden

Grillart: direkt (200 °C) | indirekt (150–160 °C)
offener und geschlossener Deckel

TIPP

Dazu passen die Knusprigen Knödel (s. S. 55) und der Gesmokte Chili-Rotkohl (s. S. 41).

ROULADEN
MIT GLÜHWEINSAUCE

FÜR 6 PERSONEN

2 Möhren
1 mittelgroße Petersilienwurzel
3 große Zwiebeln
6 große Rinderrouladen
6 Tl Senf
Pfeffer
12 Scheiben Bacon
12 Backpflaumen
Salz
2 El Butterschmalz
1 l Rinderfond
300 ml Glühwein
100 g Crème fraîche

AUSSERDEM

Rouladennadeln oder Zahnstocher
gusseiserner Topf (z. B. Dutch Oven, ohne Füße, Inhalt ca. 6 l bzw. ft 6)

ZUBEREITUNG

1. Möhren und Petersilienwurzel in grobe Stücke schneiden. Die Zwiebeln schälen. 1 Zwiebel in feine Würfel schneiden, die restlichen Zwiebeln in grobe Stücke schneiden.

2. Die Rouladen ausbreiten und mit Senf bestreichen, etwas pfeffern. Je 2 Scheiben Bacon und 2 Backpflaumen darauflegen. Einige der fein gewürfelten Zwiebelstückchen darüberstreuen. Die Enden leicht einschlagen und die Rouladen einrollen. Mit Rouladennadeln oder Zahnstochern fixieren. Nun von außen leicht salzen.

3. Den Grill auf starke direkte Hitze (200 °C) vorbereiten. Den gusseisernen Topf auf den Rost direkt über die Glut stellen und das Butterschmalz darin zerlassen. Die Rouladen darin von allen Seiten anbraten und herausnehmen.

4. Die groben Zwiebelwürfel, Petersilienwurzel und Möhren im Topf anbraten. Mit dem Rinderfond und der Hälfte des Glühweins ablöschen, kurz aufkochen lassen. Die Rouladen in den Sud geben und den Topf mit einem Deckel verschließen. In den indirekten Bereich umsetzen, den Deckel des Grills ebenfalls schließen und die Rouladen 1 ½ Stunden garen (150–160 °C).

5. Die Rouladen aus dem Topf nehmen und warm stellen. Die Sauce pürieren und den restlichen Glühwein dazugeben. Einmal aufkochen und die Crème fraîche einrühren. Die Rouladen zurück in die Sauce geben.

Alternativ den Dutch Oven zum Anbraten mit starker Unterhitze aufheizen (ca. 250 °C). Dafür 30 durchgeglühte Briketts unter dem Topf platzieren. Zum Garen auf Dutch Oven auf mittlere Ober-/Unterhitze umstellen: 12 der Briketts nun auf den Deckel legen, 8 Briketts unter dem Topf belassen, die restlichen Briketts beiseiteräumen (ca. 150 °C).

FLANKSTEAK
MIT ZIEGENKÄSE UND HONIG

FÜR 4 PERSONEN

1 Flanksteak
grobes Meersalz
2–3 Zweige Rosmarin
2 El Honig
50 g Ziegenfrischkäse
Pfeffer

AUSSERDEM

Grillthermometer

ZUBEREITUNG

1. Das Flanksteak mindestens 1 Stunde vor der Zubereitung aus dem Kühlschrank nehmen. Etwa 30 Minuten vor der Zubereitung mit etwas grobem Meersalz bestreuen. Den Rosmarin von den Zweigen streifen, fein hacken und mit dem Honig mischen.
2. Den Grill auf starke direkte Hitze (250 °C) vorbereiten, Flanksteak auf den Rost direkt über die Glut legen und von beiden Seiten je etwa 90 Sekunden grillen. Das Steak in den indirekten Bereich umsetzen und mit dem Ziegenfrischkäse bestreichen. Bei geschlossenem Deckel (200 °C) bis zu einer Kerntemperatur von 56 °C garen. Das Steak vom Grill nehmen, aufschneiden, mit Rosmarin-Honig beträufeln und pfeffern.

Vorbereitungszeit: 10 Minuten | **Ruhezeit:** 1 Stund

Grillzeit: 30 Minute

Grillart: direkt (250 °C) | indirekt (200 °C
geschlossener Deckel | Kerntemperatur von 56 °

TIPP

Dazu passen die Knusprigen Knödel (s. S. 55).

TIPP

Das Video zum Rezept

Vorbereitungszeit: 15 Minute

Grillzeit: ca. 5 Stunde

Grillart: direkt (110 °C) | indirekt (150 °C
geschlossener Deckel | räucher

SANDWICH MIT GERÄUCHERTEN OCHSENBÄCKCHEN

FÜR 4 PERSONEN

4 Ochsenbäckchen
2–3 El BBQ-Rub (s. S. 72)
300 ml Rinderfond
4–6 El BBQ-Sauce
2 Baguettes bzw. 4 Baguettebrötchen
Salat der Saison

AUSSERDEM

1 Handvoll Räucherchips (Buche)

ZUBEREITUNG

1. Die Ochsenbäckchen mit dem BBQ-Rub einreiben und kurz ziehen lassen. Den Grill auf niedrige direkte Hitze (110 °C) vorbereiten. Die Räucherchips auf die durchgeglühten Briketts geben. Die Bäckchen auf dem Rost im indirekten Bereich 2–2 ½ Stunden räuchern.
2. Kurz vor Ende der Räucherzeit ein großes Stück Alufolie in der Mitte falten und an drei Seiten mehrmals umschlagen, sodass man eine Tasche erhält. Die Bäckchen hineingeben, den Fond angießen und zum Schutz nochmals mit Alufolie umwickeln. Alternativ in eine Schale geben und diese mit Alufolie verschließen. Dann den Grill auf mittlere indirekte Hitze umbauen (150 °C) und die Bäckchen bei geschlossenem Deckel weitere 2 ½ Stunden dämpfen.
3. Zum Schluss die Ochsenbäckchen aus der Alufolie nehmen und wieder in den indirekten Bereich auf den Rost legen. Mit BBQ-Sauce bestreichen und diese etwas eintrocknen lassen.
4. Die Baguettes halbieren, aufschneiden, den Salat darauf verteilen, die Ochsenbäckchen in mundgerechte Stücke schneiden und auf den Salat legen. Zusätzlich mit etwas BBQ-Sauce beträufeln.

Vorbereitungszeit: 30 Minuten | **Ruhezeit:** 12 Stunden
Grillzeit: ca. 1 Stunde

Grillart: indirekt (160 °C) | geschlossener Deckel
Kerntemperatur 55 °C

GLASIERTE HOCHRIPPE
MIT ROSMARINSAUCE

FÜR 4 PERSONEN

1 ½ Tl Salz
1 Tl zerstoßener Pfeffer
½ Tl zerstoßener Piment
½ Tl zerstoßener Wacholder
¼ Tl Zimtpulver
1 Tl Zucker
1 kg Hochrippe vom Rind ohne Knochen
2 Zwiebeln
150 g Knollensellerie
2 Möhren
½ Stange Lauch
3 Zweige Rosmarin
5 El Rapsöl
2 El Tomatenmark
200 ml Rotwein
200 ml Rinderfond
300 ml Orangensaft
Salz
Pfeffer

AUSSERDEM

Speisestärke zum Abbinden
Tropfschale
Bratenkorb

ZUBEREITUNG

1. Salz, Pfeffer, Piment, Wacholder, Zimt und Zucker mischen und die Hochrippe damit einreiben. In Frischhaltefolie einwickeln und über Nacht im Kühlschrank marinieren.
2. Zwiebeln und Sellerie schälen und würfeln. Möhren und Lauch putzen und ebenfalls würfeln. Rosmarin von den Zweigen streifen und klein hacken, Zweige aufbewahren.
3. Öl in einem Topf erhitzen und darin das Gemüse sehr braun anrösten. Tomatenmark hinzugeben und leicht mitrösten. Mit Rotwein ablöschen und ein wenig einköcheln lassen. Die Sauce abseihen und in eine Tropfschale geben. Rinderfond, Orangensaft und fein gehackten Rosmarin dazugeben.
4. Grill auf mittlere indirekte Hitze (160 °C) vorbereiten und die Tropfschale auf den Rost stellen. Hochrippe in einen Bratenkorb und diesen auf die Tropfschale geben. Hochrippe bis zu einer Kerntemperatur von 55 °C garen, dabei alle 20 Minuten mit der Sauce aus der Tropfschale glasieren. Vom Grill nehmen und locker abgedeckt 10 Minuten ruhen lassen.
5. In der Zwischenzeit den Inhalt aus der Tropfschale durch ein Sieb in einen Topf geben. Alles aufkochen und evtl. mit Speisestärke binden. Mit Salz und Pfeffer abschmecken.
6. Dazu den Kartoffel-Dauphinois (s. S. 50) servieren.

GEGRILLTE LEBER
MIT KARAMELLISIERTEN APFELSPALTEN

FÜR 4 PERSONEN

4 Stücke Rinderleber (à ca. 200 g)
2 große Zwiebeln
2 säuerliche Äpfel
4 El Butter
6 El Zucker
Salz
Pfeffer

AUSSERDEM

gusseiserne Pfanne

ZUBEREITUNG

1. Die Leber mit kaltem Wasser abwaschen und trocken tupfen. Zwiebeln und Äpfel schälen, die Zwiebel in Ringe, die Äpfel in Spalten schneiden.
2. Den Grill auf starke direkte Hitze (200 °C) vorbereiten. Eine gusseiserne Pfanne auf den Rost stellen. Die Hälfte der Butter in der Pfanne zerlassen. Zwiebeln und die Hälfte des Zuckers darin unter Rühren anschwitzen, bis der Zucker karamellisiert ist.
3. Die Zwiebeln aus der Pfanne nehmen und die restliche Butter und den restlichen Zucker hineingeben. Nun die Äpfel darin schwenken und die Pfanne in den indirekten Bereich des Grills ziehen.
4. Die Leber leicht salzen und auf den Rost direkt über die Glut legen. Von beiden Seiten angrillen, dann zu den Äpfeln in die Pfanne geben, den Deckel des Grills schließen und die Leber zusammen mit den Äpfeln 15 Minuten lang nachgaren lassen.
5. Die Leber auf dem Teller mit frisch gemahlenem Pfeffer bestreuen, die Äpfel und die Zwiebeln oben auflegen und servieren.

Vorbereitungszeit: 15 Minut

Grillzeit: 30 Minut

Grillart: direkt (200 °C) | indirekt (150
offener und geschlossener Dec

TIPP

Dazu passt der geräucherte Kartoffelstampf (s. S. 49).

WILD &

LAMM

GERÄUCHERTER REHRÜCKEN
MIT CHICORÉESALAT

FÜR 2 PERSONEN

FÜR DEN ORANGEN-RUB

1 Zimtstange

2 El Wacholderbeeren

10 g getrocknete Steinpilze

3 EL getrocknete Orangenschalen

3 El rote Pfefferbeeren

2 Sternanis

je 2 Tl Nelken, Piment-, Koriander- und weiße Pfefferkörner

FÜR DEN REHRÜCKEN

300 g Rehrücken (ausgelöst, am Stück)

3 Chicorée

1 Birne

5 El Mayonnaise

2 El Birnensenf

1 El Preiselbeeren

1 Tl weißer Balsamico

Salz

Pfeffer

AUSSERDEM

1 Handvoll Räucherchips (Kirsche oder Birne)

Grillthermometer

ZUBEREITUNG

1. Alle Zutaten für den Rub im Mörser fein mahlen.
2. Den Rehrücken von eventuellen Sehnen befreien und mit 2 Esslöffeln Orangen-Rub einreiben. Den Grill auf niedrige indirekte Hitze (110–130 °C) vorbereiten und den Rehrücken auf den Rost in den indirekten Bereich legen. Die Räucherchips auf den durchgeglühten Briketts verteilen, den Deckel schließen und den Rehrücken bis zu einer Kerntemperatur von 57–60 °C garen.
3. Den Chicorée und die Birne halbieren, mit der Schnittfläche nach unten auf den Rost im direkten Bereich angrillen und leicht bräunen. Den Chicorée in feine Streifen, die Birne in Würfel schneiden und beides in eine Schüssel geben.
4. Mayonnaise, Senf, Preiselbeeren und Balsamico mit einem Schneebesen glatt rühren, mit Salz und Pfeffer abschmecken und mit dem Chicorée und der Birne gut vermengen. Kurz durchziehen lassen und mit dem dünn aufgeschnittenen Rehrücken servieren.

Vorbereitungszeit: 15 Minut

Grillzeit: 30 Minut

Grillart: indirekt (110–130 °C) | geschlossener Decl
Kerntemperatur 57–60

Vorbereitungszeit: 20 Minuten
Grillzeit: 3 Stunden

Grillart: indirekt (180 °C) | geschlossener Deckel
Kerntemperatur 80 °C

WILDSCHWEINKEULE
IM HEUBETT

FÜR 4 PERSONEN

2 Tl edelsüßes Paprikapulver
1 Tl Knoblauchgranulat
1 Tl Zwiebelgranulat
½ Tl Kreuzkümmelsamen
½ Tl getrockneter Thymian
2 Tl Rauchsalz
1 Tl Pfeffer
4 Tl brauner Zucker
1 Wildschweinkeule (2,5–3 kg)
Bio-Heu (Tierbedarf)

AUSSERDEM

Küchengarn
Edelstahlauflaufform
Alufolie

ZUBEREITUNG

1. Alle Gewürze und den Zucker in einem Mörser fein zerstoßen. Wildschweinkeule vom Knochen befreien und rundherum mit der Gewürzmischung einreiben. Die Keule zusammenrollen und mit Küchengarn fixieren.
2. Das Heu in Wasser tauchen und abtropfen lassen. Eine Schicht Heu in die Auflaufform geben, Wildschweinkeule aufs Heubett legen und komplett mit Heu bedecken. Auflaufform mit Alufolie verschließen.
3. Den Grill auf starke indirekte Hitze (180 °C) vorbereiten. Auflaufform auf den Rost in den indirekten Bereich geben, den Deckel schließen und die Keule bis zu einer Kerntemperatur von 80 °C garen. Fleisch aus dem Heu nehmen und auf dem Rost direkt über der Glut von allen Seiten angrillen.
4. Dazu passen die gegrillten Steckrüben (s. S. 44).

WINTERLICHES

PULLED PORK

FÜR 2 PERSONEN

FÜR DEN RUB

2 El weiße und schwarze Pfefferkörner gemischt

1 El Wacholderbeeren

1 El Senfsamen

1 EL Korianderkörner

2 Kardamomkapseln

2–3 getrocknete Chilischoten

2 Lorbeerblätter

2 Thymianzweige

Abrieb von 1 Bio-Zitrone

Abrieb von 1 Bio-Orange

FÜR DAS PULLED PORK

2 El körniger Senf

2 El Pflaumenmus

1 El Honig

1 Wildschweinnacken (2–3 kg)

50 ml Dunkelbier

AUSSERDEM

1 Handvoll Räucherchips (Kirsche oder Birne)

ZUBEREITUNG

1. Die Zutaten für den Rub im Mörser fein mahlen.
2. Senf, Pflaumenmus und Honig vermengen. Den Wildschweinnacken mit der Marinade einreiben und mit dem Rub bestreuen.
3. Den Grill auf niedrige indirekte Hitze vorbereiten (110 °C). Den Wildschweinnacken auf den Rost in den indirekten Bereich legen und die Räucherchips auf den durchgeglühten Briketts verteilen. Den Deckel schließen und den Nacken bis zu einer Kerntemperatur von 90 °C räuchern, das dauert etwa 14 Stunden.
4. Bei geschlossenem Deckel den Wildschweinnacken bis zu einer Kerntemperatur von 90 °C garen. Das fertig gegarte Wildschwein zum Pulled Pork verarbeiten: Dafür mit zwei Gabeln auseinanderreißen. Anschließend mit dem Dunkelbier vermengen.

Vorbereitungszeit: 20 Minuten | **Grillzeit:** ca. 14 Stunden

Grillart: indirekt (110 °C) | geschlossener Deckel | räuchern | Kerntemperatur 90

TIPP

Mit den Waldpilzbuns (s. S. 28) und dem Rotkohl (s. S. 41) zu leckeren Burgern bauen.

Vorbereitungszeit: 20 Minuten
Grillzeit: 40 Minuten

Grillart: indirekt (200 °C und 120–130 °C) | geschlossener Deckel | räuchern | Kerntemperatur 60 °C

HIRSCHKARREE
MIT GEBACKENEN ZWIEBELN

FÜR 4 PERSONEN

6 rote Zwiebeln
800 g grobes Meersalz
9 Zweige Rosmarin
5 Stangen langer Pfeffer
5 Tl feines Meersalz
5 Zweige Rosmarin
5 Zweige Thymian
1 Tl geräuchertes Paprikapulver
½ Tl gemahlene Wacholderbeeren
1 Hirschkarree

AUSSERDEM

Küchengarn
1 Handvoll Räucherchips (Pflaume)

ZUBEREITUNG

1. Den Grill auf starke indirekte Hitze (200 °C) vorbereiten. Die Zwiebeln schälen. Den Boden einer feuerfesten Auflaufform mit dem groben Meersalz bedecken. Die Rosmarinzweige darauflegen und die Zwiebeln in das Salz drücken. Auf den Rost in den indirekten Bereich stellen und bei geschlossenem Deckel 30 Minuten garen.
2. Währenddessen den langen Pfeffer im Mörser zerstoßen. Das feine Meersalz hinzugeben und beides zusammen gründlich zerkleinern. Die Kräuter von den Zweigen streifen, dazugeben und ebenfalls gut mörsern. Das geräucherte Paprikapulver und die Wacholderbeeren mit der Gewürzmischung gut vermengen.
3. Das Karree mit der Gewürzmischung einreiben und dann mit etwas Küchengarn zu einer Krone binden. Den Grill auf niedrige indirekte Hitze (120–130 °C) umstellen. Die Räucherchips auf den durchgeglühten Briketts verteilen, das Karree auf den Rost in den indirekten Bereich legen und bis zu einer Kerntemperatur von 60 °C räuchern. Das dauert etwa 40 Minuten.
4. Dazu passt das Semmelknödelsoufflé (s. S. 57).

TIPP

Das Video zum Rezept

MUFFLON-BURGER
MIT RÄUCHERKÄSE

FÜR 2 PERSONEN

FÜR DIE ZWIEBELN

4 rote Zwiebeln

1 El Öl

2 El Muscovadozucker (alternativ anderen Voll- oder auch Rohrohrzucker)

FÜR DIE PATTYS

500 g Hackfleisch vom Mufflon (alternativ Lammhack)

6 Tl Preiselbeeren

3 Tl Kräutersalz

1 ½ Tl gemahlener Pfeffer

½ Tl gemahlene Wacholderbeeren

4 Scheiben Räucherkäse

FÜR DEN BURGER

2 Waldpilzbuns (s. S. 28)

2 Chilischoten

6 El Aioli

1 Handvoll Feldsalat

ZUBEREITUNG

1. Die Zwiebeln schälen und in Ringe schneiden. Öl in einer Pfanne erhitzen, die Zwiebeln hineingeben, mit dem Zucker bestreuen und karamellisieren lassen. Die Zwiebeln schmecken warm oder kalt als Topping für Burger.
2. Das Hackfleisch kurz ankneten. Preiselbeeren, Salz, Pfeffer und Wacholderbeeren dazugeben und zu einer geschmeidigen Masse kneten. Das Hackfleisch zu 2 Pattys pressen.
3. Den Grill auf starke direkte Hitze (250 °C) vorbereiten. Die Pattys auf den Rost direkt über die Glut legen und die erste Seite gut angrillen. Pattys wenden und den Käse auf die angegrillte Seite legen. Den Deckel des Grills schließen und den Käse schmelzen.
4. Die Buns aufschneiden und auf der Schnittseite etwas anrösten. Die Chilischoten in feine Ringe oder Würfel schneiden. Je nach Schärfewunsch die Kerne entfernen. Auf die unteren Bun-Hälften etwas Aioli streichen, Chili darüberstreuen. Einige Blättchen Feldsalat darauf verteilen und die Pattys aufsetzen. Muscovadozwiebeln darübergeben und den Deckel der Buns darauflegen.
5. Die Zwiebeln schmecken prima zu Fleisch aller Art, zum Beispiel kannst du damit einen Rollbraten füllen.

Vorbereitungszeit: ca. 35 Minuten | **Grillzeit:** ca. 10 Minuten

Grillart: direkt (250 °C) | offener und geschlossener Deckel

TIPP
Das Video zum Rezept

LAMMKOTELETTS
MIT GRÜNER ZITRONENSALSA

FÜR 4 PERSONEN

8 Lammkoteletts (ca. 4 cm dick)
Fleur de Sel
1 Bio-Zitrone
50 g Minze
50 g Petersilie
½ Schalotte
1 Knoblauchzehe
2 El Kapern
5 El Olivenöl
Salz
Chiliflocken
Pfeffer

ZUBEREITUNG

1. Lammkoteletts mit Fleur de Sel bestreuen und beiseitestellen. Zesten von der Zitrone abschälen und die Zitrone auspressen. Die Kräuter von den Stängeln zupfen. Schalotte und Knoblauch schälen. Zitronenzesten, Zitronensaft, Minze, Petersilie, Schalotte, Knoblauch und Kapern in einem Mixer oder mit einem Pürierstab grob zerkleinern. Bei mittlerer Drehzahl langsam das Olivenöl dazugeben. Die Salsa mit Salz und Chili abschmecken.
2. Den Grill auf starke direkte Hitze (230 °C) vorbereiten und die Lammkoteletts auf dem Rost direkt über der Glut 8 Minuten grillen. Zwischendurch gelegentlich wenden. Vom Grill nehmen und ca. 3 Minuten ruhen lassen. In Tranchen schneiden, mit Pfeffer würzen und mit der Salsa servieren.

Vorbereitungszeit: 25 Minuten | **Grillzeit:** ca. 8 Minuten

Grillart: direkt (230 °C) | offener Deckel

TIPP

Ganz schlicht mit kräftigem Baguette oder Bauernbrot servieren.

Vorbereitungszeit: 25 Minuten
Grillzeit: 10 Minuten

Grillart: direkt und indirekt (200–220 °C) | offener und geschlossener Deckel | Kerntemperatur 60 °C

LAMMRÜCKEN

AUF BOHNEN-TOMATEN-RAGOUT

ZUBEREITUNG

1. Bohnen putzen und in Streifen schneiden. Schalotten und Knoblauch schälen und fein würfeln, Cherrytomaten halbieren.
2. Den Grill auf starke direkte und indirekte Hitze vorbereiten (200–220 °C). Lammrücken auf den Rost direkt über die Glut legen und von allen Seiten angrillen. Danach in den indirekten Bereich legen, den Deckel schließen und in etwa 10 Minuten bis zu einer Kerntemperatur von 60 °C garen.
3. Gusseiserne Pfanne auf den Rost direkt über die Glut stellen. Rapsöl in der Pfanne erhitzen und Schalotten darin anschwitzen. Das Tomatenmark unterrühren und kurz mitschwitzen. Bohnenstreifen hinzugeben und mit Lammfond ablöschen. Bohnenkraut und Knoblauch dazugeben und mit Salz, Pfeffer und Muskat würzen. Bei geschlossenem Deckel etwa 10 Minuten köcheln lassen.
4. Den fertigen Lammrücken noch 5 Minuten ruhen lassen. Cherrytomaten zum Ragout geben, mit Salz, Pfeffer und Muskat abschmecken und nach Geschmack mit etwas Speisestärke abbinden. Zusammen mit Lammrücken servieren.

FÜR 4 PERSONEN

500 g Stangenbohnen
4 Schalotten
1 Knoblauchzehe
250 g Cherrytomaten
2 Lammrücken mit Knochen (à ca. 350 g)
2 El Rapsöl
1 ½ El Tomatenmark
150 ml Lammfond
1 Zweig Bohnenkraut
Salz, Pfeffer, Muskat

AUSSERDEM

etwas Speisestärke zum Abbinden
gusseiserne Pfanne

FISCH & ME

RESFRÜCHTE

GIN-HEILBUTT
NACH STREMELART

FÜR 4 PERSONEN

4 Heilbuttfilets (à 300 g)
120 ml Gin nach Wahl
2 Zwiebeln
3 Knoblauchzehen
220 g Salz
30 g Zucker
30 g fein gemahlener Pfeffer
4 Lorbeerblätter
5 g Kurkumapulver
1 El Öl
4 El grob geschroteter Pfeffer

AUSSERDEM

Backblech oder Gemüsekorb
3 Handvoll Räucherchips (Buche, Apfel, Kirsche)

ZUBEREITUNG

1. Heilbutt waschen, trocken tupfen und anschließend die Fleischseite mit Gin einreiben. Abgedeckt 1 Stunde im Kühlschrank marinieren lassen.
2. Zwiebeln und Knoblauch schälen und in Streifen schneiden. Alle Zutaten (außer grobem Pfeffer) mit dem restlichen Gin verrühren, bis sich das Salz aufgelöst hat.
3. Heilbutt mit der Hautseite nach unten in die Lake legen, sodass er vollständig bedeckt ist (evtl. beschweren) und 12 Stunden abgedeckt im Kühlschrank marinieren. Am nächsten Tag den Fisch aus der Lake nehmen, unter kaltem Wasser abspülen und trocken tupfen. Anschließend über Nacht nicht abgedeckt im Kühlschrank trocknen lassen.
4. Den Heilbutt auf ein gefettetes Blech oder in einen Gemüsekorb mit der Hautseite nach unten legen und den geschroteten Pfeffer auf dem Fisch verteilen.
5. Den Grill auf niedrige indirekte Hitze (80–100°C) vorbereiten. Beim Gasgrill evtl. den Deckel mit einem Korken leicht offen stehen lassen. Beim Holzkohlengrill ca. 10–12 nicht komplett durchgeglühte Briketts verwenden. 1 Handvoll Räucherchips auf die durchgeglühten Briketts geben. Wenn der erste Rauch aufsteigt, den Fisch auf den Rost in den indirekten Bereich legen, den Deckel schließen und den Heilbutt insgesamt 2 Stunden räuchern. Nach ½ Stunde, 1 Stunde und 1 ½ Stunden jeweils noch 1 Handvoll Räucherchips nachlegen. Schließlich den Heilbutt vom Grill nehmen und auskühlen lassen.

Vorbereitungszeit: 20 Minuten | **Ruhezeit:** ca. 24 Stunden
Grillzeit: 2 Stunden

Grillart: indirekt (80–100°C) | geschlossener Deckel | räuchern

TIPP

Ganz schlicht mit etwas Brot ein totaler Knaller.

GERÄUCHERTER LACHS
MIT MEERRETTICH-DIP

FÜR 4 PERSONEN

FÜR DEN LACHS

2 Tl Salz
1 Tl gemahlener Pfeffer
½ Tl getrockneter Thymian
½ Tl getrockneter Rosmarin
¼ Tl getrockneter Dill
¼ Tl Knoblauchgranulat
½ Tl Zucker
½ Tl Zwiebelgranulat
4 Lachsfilets (à 250 g)

FÜR DEN DIP

½ Bund glatte Petersilie
400 g Schmand (alternativ saure Sahne)
75–100 g geriebener Meerrettich aus dem Glas
Salz
Pfeffer

AUSSERDEM

Gemüsekorb
1 Handvoll Räucherchips (Buche)

ZUBEREITUNG

1. Für den Lachs alle Gewürze vermengen und die Fleischseite der Lachsfilets damit bestreuen. 20 Minuten einwirken lassen.
2. Den Grill auf mittlere indirekte Hitze (150 °C) vorbereiten. Lachs mit der Hautseite in einen Gemüsekorb legen und auf den Rost in den indirekten Bereich stellen. Räucherchips auf die durchgeglühten Briketts geben und den Lachs 20 Minuten räuchern.
3. In der Zwischenzeit die Petersilie von den Stängeln zupfen und fein hacken. Schmand, Meerrettich und Petersilie vermengen, mit Salz und Pfeffer abschmecken.
4. Lachs vom Grill nehmen, von der Haut befreien und mit dem Meerrettich-Dip servieren.

Vorbereitungszeit: 10 Minuten | **Ruhezeit:** 20 Minuten | **Grillzeit:** 20 Minuten

Grillart: indirekt (150 °C) | geschlossener Deckel | räuchern

Vorbereitungszeit: 30 Minuten | **Ruhezeit:** 36 Stunden
Grillzeit: 10–15 Stunden

Grillart: kalt räuchern | geschlossener Deckel

KALT GERÄUCHERTER LACHS

FÜR 4 PERSONEN

1 Lachsseite

100 g brauner Zucker

100 g Meersalz

2 Tl fein gehackter Thymian

2 Tl fein gehackter Rosmarin

1 Tl Pfeffer

AUSSERDEM

Rost oder Gitter

Schale oder tiefes Blech

Kalträuchereinheit

Buchenmehl

ZUBEREITUNG

1. **Tag 1:** Den Lachs von der dünnen Fettseite befreien und ein Stück der flachen Schwanzseite abschneiden. Zucker, Salz, Thymian, Rosmarin und Pfeffer vermengen. Den Lachs auf einen Rost und diesen in eine Schale oder auf ein tiefes Backblech legen. Der Lachs verliert über Nacht einiges an Flüssigkeit, die so gut abtropfen kann. Den Lachs mit der Gewürzmischung bestreuen und 24 Stunden im Kühlschrank marinieren.
2. **Tag 2:** Den Lachs aus dem Kühlschrank nehmen und die Gewürzmischung unter fließend kaltem Wasser komplett abspülen, anschließend mit Küchenpapier trocken tupfen. Über Nacht ohne Abdeckung im Kühlschrank nachtrocknen lassen.
3. **Tag 3:** Die Kalträuchereinheit mit Buchenmehl füllen und an einer Seite anzünden. Nun den Lachs auf den Rost im Grill legen, Deckel schließen und 5 Stunden räuchern. 4 Stunden ausdampfen lassen. Dann die Kalträuchereinheit erneut befüllen und weitere 5 Stunden räuchern. Soll der Rauchgeschmack intensiver sein, den Vorgang noch ein drittes Mal wiederholen.
4. Nach dem Räuchern den Lachs für mindestens 5 Stunden (besser über Nacht) im Kühlschrank ausdampfen lassen.

TIPP

Ganz schlicht mit etwas Brot ein totaler Knaller.

FLAMMLACHS

FÜR 4 PERSONEN

1 Lachsseite mit Haut
2 El brauner Zucker
1 El Salz
½ El gemahlener Pfeffer
1 Tl Zwiebelgranulat

AUSSERDEM

Flammlachsbrett
Flammlachshalterung
Buchenholz
Thermometer

ZUBEREITUNG

1. Flammlachsbrett mindestens 1 Stunde wässern. Den Lachs von der dünnen Fettseite befreien und ein Stück der flachen Schwanzseite abschneiden, gegebenenfalls Gräten entfernen.
2. Zucker, Salz, Pfeffer und Zwiebelgranulat miteinander vermischen und großzügig auf der Fleischseite des Lachses verteilen. Mindestens 30 Minuten ziehen lassen.
3. In der Zwischenzeit in einer Feuerschale ein Buchenfeuer machen und dieses durch Nachlegen einzelner Holzscheite permanent leicht brennen lassen.
4. Lachsseite mit der Haut nach unten auf dem Flammlachsbrett befestigen und die Halterung an der Feuerschale anbringen. Der Lachs sollte nicht zu nah, aber auch nicht zu weit entfernt vom Feuer sein.
5. Nach etwa 20 Minuten die Kerntemperatur an der dicksten Stelle überprüfen, sie sollte 58 °C betragen, gegebenenfalls noch ein wenig weitergaren. Perfekt ist der Lachs, wenn er innen leicht glasig ist und außen durch den Rauch und den karamellisierenden Zucker eine schöne Kruste hat.

Vorbereitungszeit: 15 Minuten | **Ruhezeit:** ca. 1 ½ Stunden | **Grillzeit:** ca. 20 Minut

Grillart: Buchenholz | offenes Feuer | Kerntemperatur 58 °C

TIPP

Ganz schlicht mit etwas Brot ein totaler Knaller.

GERÄUCHERTE FORELLE
MIT LAUWARMEM KARTOFFELSALAT

FÜR 4 PERSONEN

1 kg festkochende Kartoffeln
2 Forellen
Salz
Pfeffer
1 Bio-Zitrone
4 Zweige Thymian
2 Zweige Rosmarin
2 rote Zwiebeln
5 Zweige Dill
5 Gewürzgurken
50 ml weißer Balsamico
1 Tl Zucker
3 El Dijonsenf
Salz
Pfeffer

AUSSERDEM

1 Handvoll Räucherchips (Kirsche oder Birne)

ZUBEREITUNG

1. Die Kartoffeln in einem Topf mit sprudelnd heißem Wasser je nach Größe 20–25 Minuten kochen. Anschließend abgießen und warm halten.
2. Die Forellen kurz unter kaltem Wasser abspülen und in der Bauchhöhle salzen und pfeffern. Die Zitrone in gleichmäßige Scheiben schneiden und mit Thymian und Rosmarin in die Bauchhöhle geben.
3. Den Grill auf mittlere indirekte Hitze (140–160 °C) vorbereiten und die Forellen mit dem Bauch nach oben auf den Rost in den indirekten Bereich legen. Die Räucherchips auf die durchgeglühten Briketts geben. Den Deckel schließen und die Forellen 45 Minuten räuchern.
4. Währenddessen die Zwiebeln schälen und in feine Würfel schneiden. Den Dill von den Zweigen streifen und fein hacken. Die Gewürzgurken ebenfalls fein hacken. Die Kartoffeln pellen, in gleichmäßige Stücke schneiden und mit den Zwiebeln, dem Dill und den Gewürzgurken vermengen. Balsamico, Zucker und Senf verrühren, mit Salz und Pfeffer abschmecken und mit den Kartoffeln vermengen.
5. Die Forellen sind gar, wenn sich die Rückenflosse ganz leicht herausziehen lässt. Dann die Forellen zum Kartoffelsalat servieren.

Vorbereitungszeit: 30 Minute

Grillzeit: 45 Minute

Grillart: indirekt (140–160 °C) | geschlossener Deckel | räuche

GERÄUCHERTE JAKOBSMUSCHELN
MIT GEGRILLTEN ARTISCHOCKEN

FÜR 4 PERSONEN

16 ausgelöste Jakobsmuscheln

Pfeffer

16 Artischockenherzen aus der Dose

3 El Olivenöl

Saft von 1 Zitrone

1 El Honig

1 El Balsamico

Salz

1 Zweig Thymian

50 g Mandelsplitter

1 Bund Rucola

AUSSERDEM

1 Handvoll Räucherchips (½ Apfel, ½ Buche)

ZUBEREITUNG

1. Die Jakobsmuscheln pfeffern und beiseitestellen. Artischocken aus der Dose nehmen und gut abtropfen lassen.
2. Den Grill auf starke direkte und indirekte Hitze (200°C) vorbereiten. Artischocken auf den Rost in den direkten Bereich legen und von allen Seiten angrillen, bis ein leichtes Grillmuster entsteht. Die Räucherchips auf die durchgeglühten Briketts geben und sobald Rauch entsteht, die Jakobsmuscheln in den indirekten Bereich geben, den Deckel schließen und 10 Minuten räuchern.
3. Olivenöl, Zitronensaft, Honig und Balsamico verrühren, mit Salz und Pfeffer abschmecken. Den Thymian vom Zweig streifen und fein hacken. Unter das Dressing rühren. Mandelsplitter in einer Pfanne ohne Fett trocken rösten. Rucola und Artischocken in feine Streifen schneiden und mit der Vinaigrette und den Mandelsplittern vermischen. Kurz ziehen lassen und den Salat zu den Jakobsmuscheln servieren.

Vorbereitungszeit: 15 Minuten | **Grillzeit:** ca. 15 Minuten

Grillart: direkt und indirekt (200 °C) | offener und geschlossener Deckel | räuchern

GETR

ÄNKE

GLÜHWEIN
AUS DEM DUTCH OVEN

FÜR 4 PERSONEN

2 Bio-Orangen
750 ml halbtrockener Rotwein
Schale von 1 Bio-Zitrone
1 Vanilleschote
1 Zimtstange
1 Sternanis
3 Pimentbeeren
10 Nelken
Rum nach Geschmack
Zucker nach Geschmack

AUSSERDEM

Dutch Oven (Inhalt 4 l bzw. ft 4.5)

ZUBEREITUNG

1. Den Dutch Oven mit mittlerer Unterhitze aufheizen (ca. 160 °C). Dafür 12 durchgeglühte Briketts unter den Topf legen.
2. Die Orangen in Scheiben schneiden und in den Dutch Oven geben. Den Rotwein angießen. Zitronenschale, Vanilleschote und Zimtstange in den Topf geben. Die restlichen Gewürze in ein Teesieb geben und in den Wein hängen.
3. Nun alles bei sanfter Hitze warm werden lassen (NICHT kochen), nach Geschmack noch Rum und Zucker hinzufügen. Nach etwa 20 Minuten Orangen und Gewürze entfernen und den Glühwein genießen.

Alternativ den Glühwein auf dem Grill zubereiten. Den Grill dafür auf mittlere direkte Hitze (160 °C) vorbereiten. Einen gusseisernen Topf auf den Rost direkt über die Glut stellen und den Glühwein bei geschlossenem Deckel erwärmen.

Vorbereitungszeit: 10 Minut

Grillzeit: 20 Minut

Grillart: Dutch Oven | Unterhitze (160 °
12 durchgeglühte Brike

GEGRILLTER PUNSCH

FÜR 8 PERSONEN

2 Bio-Orangen
2 Bio-Zitronen
1 Tl brauner Zucker
1 l Apfelsaft
1 l Traubensaft
1 Vanilleschote
1 Sternanis
1 Zimtstange
Honig oder brauner Zucker nach Geschmack

AUSSERDEM

gusseiserner Topf (z. B. Dutch Oven, ohne Füße, Inhalt ca. 4 l bzw. ft 4.5)

ZUBEREITUNG

1. Den Grill auf starke direkte Hitze (250 °C) vorbereiten. Orangen und Zitronen in Scheiben schneiden, mit etwas braunem Zucker bestreuen und auf den Rost direkt über die Glut legen. Kurz von beiden Seiten anbräunen. Die Temperatur auf 160 °C reduzieren.
2. Apfel- und Traubensaft mit den gegrillten Früchten in den Topf geben. Vanilleschote, Sternanis und Zimtstange dazugeben. Den Topf direkt über der Glut auf den Rost stellen, den Deckel schließen. Den Punsch warm werden lassen, bei Bedarf etwas Honig oder braunen Zucker hinzufügen. Nach etwa 20 Minuten die Früchte und die Gewürze entfernen und den Punsch genießen.

Alternativ den Dutch Oven mit mittlerer Unterhitze aufheizen (ca. 160 °C). Dafür 12 durchgeglühte Briketts unter dem Topf platzieren. Den Punsch wie oben beschrieben zubereiten.

Vorbereitungszeit: 15 Minuten | **Grillzeit:** 20 Minuten

Grillart: direkt (250 °C und 160 °C) | offener und geschlossener Deckel

EGGNOG

FÜR 4 PERSONEN

1 Vanilleschote
500 ml Milch
150 ml Sahne
4 Eigelb
60 g Zucker
1 Msp. Muskatnuss
1 Msp. Zimt
8 cl Whisky, Rum oder Amaretto nach Geschmack

AUSSERDEM

Dutch Oven (Inhalt 4 l bzw. ft 4.5)

ZUBEREITUNG

1. Den Dutch Oven mit mittlerer Unterhitze aufheizen (ca. 160 °C). Dafür 12 durchgeglühte Briketts unter dem Topf platzieren.
2. Die Vanilleschote der Länge nach halbieren und das Mark herauskratzen. Milch und Sahne in den Dutch Oven geben, Vanillemark dazugeben und erhitzen (nicht kochen).
3. Die Eigelbe mit dem Zucker zu einer voluminösen, hellen Masse aufschlagen. Die heiße Flüssigkeit unter ständigem Rühren nach und nach zu den Eiern geben.
4. Die Flüssigkeit zurück in den Dutch Oven geben und nochmals unter ständigem Rühren erhitzen (NICHT kochen), bis sie deutlich dickflüssiger geworden ist. Mit etwas Muskat und Zimt abschmecken.
5. Den fertigen Eggnog noch heiß in Tassen füllen und mit je 2 cl Whisky, Rum oder Amaretto verfeinern oder ohne Alkohol genießen.

   Alternativ den Eggnog auf dem Grill zubereiten. Den Grill dafür auf mittlere direkte Hitze (160 °C) vorbereiten und einen gusseisernen Topf auf den Rost direkt über die Glut stellen. Da der Eggnog ständig gerührt werden muss, nicht zudecken.

VORBEREITUNGSZEIT: 15 Minuten

GRILLZEIT: 15 Minuten

GRILLART: Dutch Oven | Unterhitze (160 °C) | 12 durchgeglühte Briketts

GLÜH-GIN

FÜR 8 PERSONEN

500 ml Apfelsaft (naturtrüb)

1 l Orangensaft

500 ml Ginger Beer

1 Orange

1 Zitrone

5 Sternanis

5 Wacholderbeeren

3 Zimtstangen

200 ml Gin

Zucker nach Geschmack

8 Orangenscheiben zum Servieren

AUSSERDEM

gusseiserner Topf (z. B. Dutch Oven, ohne Füße, Inhalt ca. 4 l bzw. ft 4.5)

ZUBEREITUNG

1. Den Grill auf mittlere direkte Hitze (160 °C) vorbereiten. Apfel- und Orangensaft sowie Ginger Beer in den Topf geben und den Topf auf den Rost direkt über die Glut stellen. Langsam erhitzen (NICHT kochen). Orange und Zitrone in Scheiben schneiden und zur Flüssigkeit geben. Sternanis, Wacholder und Zimt in ein Teesieb geben und in die Flüssigkeit hängen. Den Deckel schließen.
2. Nach 15 Minuten den Gin dazugießen und die Flüssigkeit weiter warm halten (NICHT kochen). Gewürze und Früchte entfernen, den Glüh-Gin in Tassen füllen und mit je 1 Orangenscheibe servieren.

Alternativ den Dutch Oven mit mittlerer Unterhitze aufheizen (ca. 160 °C). Dafür 12 durchgeglühte Briketts unter dem Topf platzieren. Den Glüh-Gin wie oben beschrieben zubereiten.

Vorbereitungszeit: 10 Minuten | **Grillzeit:** 15 Minuten

Grillart: direkt (160 °C) | offener und geschlossener Deckel

Register

AMARETTO: Eggnog 153

ANANAS: Tom Kha Gai mit knusprigen Knoblauchbrot 38

ÄPFEL

- Camembert von der Planke mit Dattelchutney 24
- Gegrillte Leber mit karamellisierten Apfelspalten 114
- Geschmorte Schweinebäckchen in Apfelsauce 86
- Schweinefilet im Speckmantel mit Pflaumen-Senf-Füllung 88
- Weihnachtsgans vom Grill 64

APFELSAFT

- Ganzer Truthahn vom Summit Charcoal 63
- Gegrillter Punsch 150
- Peanutbutter Jelly Ribs 76

ARTISCHOCKEN: Geräucherte Jakobsmuscheln mit gegrillten Artischocken 145

- Auflauf mit Süßkartoffeln und Möhren 47

BACKPFLAUMEN

Bacon Bomb mit getrockneten Früchten 92

- Rouladen mit Glühweinsauce 107
- Schweinefilet im Speckmantel mit Pflaumen-Senf-Füllung 88

BACON (siehe auch Speck)

- Bacon Bomb mit getrockneten Früchten 92
- Bacon-Frischkäse 44
- Bacon-Schupfnudeln 52
- Gegrillte Steckrüben mit Bacon-Frischkäse 44
- Schweinefilet im Speckmantel mit Pflaumen-Senf-Füllung 88
- Rouladen mit Glühweinsauce 107

BAGUETTE

- Spinat-Käse-Baguette 33
- Kürbis-Bruschetta 30
- Sandwich mit geräucherten Ochsenbäckchen 111

BBQ-SAUCE

- Rollbraten auf Sauerkrautbett 74
- Sandwich mit geräucherten Ochsenbäckchen 111

BÉCHAMELKARTOFFELN 103

BERGKÄSE

- Gefüllte Champignons 42
- Kartoffel-Dauphinois 50

BIER

- Bier-Bratwurst 91
- Dry-aged Schweinesteak mit Trüffel-Graupen-Risotto 85
- Orangen-Pork-Roast 82
- Roastbeef mit Orangen-Glasur 98
- Winterliches Pulled Pork 122

BIRNE

- Flammkuchen mit geräucherter Forelle, Gorgonzola und Birne 22
- Geräucherter Rehrücken mit Chicoréesalat 118

BOHNEN: Lammrücken auf Bohnen-Tomaten-Ragout 131

BRATWURST: Bier-Bratwurst 91

BRÖTCHEN

- Bier-Bratwurst 91
- Knusprige Knödel vom Grill 55
- Mufflon-Burger mit Räucherkäse 126
- Sandwich mit geräucherten Ochsenbäckchen 111

Bruschetta mit Kürbis 30

BUTTERMILCH: Semmelknödelsoufflé 57

Camembert von der Planke mit Dattelchutney 24

CHAMPIGNONS

- Gefüllte Champignons 42
- Kalbsrücken mit Pilzsauce 105

CHICORÉE: Geräucherter Rehrücken
mit Chicoréesalat 118
Chili-Rotkohl, gesmoket 41
Couscous mit Kichererbsen 58
DATTELCHUTNEY 24
Dry-aged Schweinesteak
mit Trüffel-Graupen-Risotto 85
EGGNOG 153
EIER
Eggnog 153
Knusprige Knödel vom Grill 55
Semmelknödelsoufflé 57
Spinatwaffeln 27
Entenbrust mit Preiselbeerglasur
und Maronen-Mayonnaise 71
ERBSEN: Rinderfilet mit Erbsen-Kartoffel-Stampf 101
ERDNUSSBUTTER
Peanutbutter Jelly Ribs 76
Süßkartoffel-Möhren-Auflauf 47
Tom Kha Gai mit knusprigen Knoblauchbrot 38
FLAMMKUCHEN mit geräucherter Forelle,
Gorgonzola und Birne 22
Flammlachs 140
Flanksteak mit Ziegenkäse und Honig 108
FORELLE
Flammkuchen mit geräucherter Forelle,
Gorgonzola und Birne 22
Geräucherte Forelle mit lauwarmem Kartoffelsalat
142
FRISCHKÄSE
Flanksteak mit Ziegenkäse und Honig 108
Steckrüben mit Bacon-Frischkäse 44
FRÜCHTE, getrocknet
Bacon Bomb mit getrockneten Früchten 92
Camembert von der Planke mit Dattelchutney 24
Rouladen mit Glühweinsauce 107
Schweinefilet im Speckmantel
mit Pflaumen-Senf-Füllung 88
GANS: Weihnachtsgans vom Grill 64
Ganzer Truthahn vom Summit Charcoal 63
Gefüllte Champignons 42
Gegrillte Entenbrust mit Preiselbeerglasur
und Maronen-Mayonnaise 71
Gegrillte Leber mit karamellisierten Apfelspalten 114
Gegrillte Steckrüben mit Bacon-Frischkäse 44
Gegrillter Punsch 150
Geräucherte Forelle mit lauwarmem Kartoffelsalat 142
Geräucherte Jakobsmuscheln
mit gegrillten Artischocken 145
Geräucherter Kartoffelstampf 49
Geräucherter Lachs mit Meerrettich-Dip 136
Geräucherter Rehrücken mit Chicoréesalat 118
Geschmorte Schweinebäckchen in Apfelsauce 86
Gesmokter Chili-Rotkohl 41
GIN
Glüh-Gin 154
Gin-Heilbutt nach Stremelart 134
GINGER BEER: Glüh-Gin 154
Glasierte Hochrippe mit Rosmarinsauce 113
Glüh-Gin 154
Glühwein aus dem Dutch Oven 148
GORGONZOLA: Flammkuchen mit
geräucherter Forelle, Gorgonzola und Birne 22
GRANATAPFEL: Kürbis-Bruschetta 30
Gratiniertes Spinat-Käse-Baguette 33
Graupen-Risotto mit Trüffel 85
Grillhähnchen mit Spinatfüllung 66
GRUYÈRE
Gratiniertes Spinat-Käse-Baguette 33
Kartoffel-Dauphinois 50
HACKFLEISCH
Bacon Bomb mit getrockneten Früchten 92
Mufflon-Burger mit Räucherkäse 126

HÄHNCHEN
Grillhähnchen mit Spinatfüllung 66
Hähnchenbrust mit Kaffee-Parmesan-Kruste 68
Haselnüsse: Schweinefilet im Speckmantel mit Pflaumen-Senf-Füllung 88
Heilbutt mit Gin nach Stremelart 134
Herzhafte Spinatwaffeln 27
Hirschkarree mit gebackenen Zwiebeln 125
Hochrippe mit Rosmarinsauce 113
HOKKAIDO: Kürbis-Bruschetta 28
Jakobsmuscheln mit gegrillten Artischocken 145
Kalbsrücken mit Pilzsauce 105
Kalt geräucherter Lachs 139
Kartoffel-Dauphinois 50
Kartoffelsalat, lauwarm 142
Kartoffelstampf, geräuchert 49
KÄSE
Bacon-Schupfnudeln 52
Dry-aged Schweinesteak mit Trüffel-Graupen-Risotto 85
Flammkuchen mit geräucherter Forelle, Gorgonzola und Birne 22
Flanksteak mit Ziegenkäse und Honig 108
Gefüllte Champignons 42
Gratiniertes Spinat-Käse-Baguette 33
Hähnchenbrust mit Kaffee-Parmesan-Kruste 68
Kartoffel-Dauphinois 50
Kichererbsen-Couscous 58
Knoblauchbrot 38
Knusprige Knödel vom Grill 55
KOKOSMILCH: Tom Kha Gai mit knusprigen Knoblauchbrot 38
Kürbis-Bruschetta 28
LACHS
Geräucherter Lachs mit Meerrettich-Dip 136
Kalt geräucherter Lachs 139
Lammkoteletts mit grüner Zitronensalsa 128
Lammrücken auf Bohnen-Tomaten-Ragout 131
Leber mit karamellisierten Apfelspalten 114
MARONEN
Gegrillte Entenbrust mit Preiselbeerglasur und Maronen-Mayonnaise 71
Maronensuppe mit Pfifferlingen aus dem Dutch Oven 36
MEERRETTICH: Geräucherter Lachs mit Meerrettich-Dip 136
MÖHREN: Süßkartoffel-Möhren-Auflauf 47
Mufflon-Burger mit Räucherkäse 126
Mutzbraten vom Grill 80
NIERENZAPFEN: Onglet mit Béchamelkartoffeln 103
NÜSSE
Camembert von der Planke mit Dattelchutney 24
Gratiniertes Spinat-Käse-Baguette 33
Grillhähnchen mit Spinatfüllung 66
Rinderfilet mit Erbsen-Kartoffel-Stampf 101
Schweinefilet im Speckmantel mit Pflaumen-Senf-Füllung 88
Süßkartoffel-Möhren-Auflauf 47
OCHSENBÄCKCHEN: Sandwich mit geräucherten Ochsenbäckchen 111
Onglet mit Béchamelkartoffeln 103
ORANGE
Ganzer Truthahn vom Summit Charcoal 63
Gegrillter Punsch 150
Glüh-Gin 154
Glühwein aus dem Dutch Oven 148
Orangen-Pork-Roast 82
Weihnachtsgans vom Grill 64
ORANGENMARMELADE: Roastbeef mit Orangen-Glasur 98
ORANGENSAFT
Camembert von der Planke mit Dattelchutney 24
Gesmokter Chili-Rotkohl 41
Glasierte Hochrippe mit Rosmarinsauce 113
Glüh-Gin 154
Schweinefilet im Speckmantel mit Pflaumen-Senf-Füllung 88

PARMESAN
Bacon-Schupfnudeln 52
Dry-aged Schweinesteak mit Trüffel-Graupen-Risotto 85
Hähnchenbrust mit Kaffee-Parmesan-Kruste 68
Kartoffel-Dauphinois 50
Peanutbutter Jelly Ribs 76
PFIFFERLINGE: Maronensuppe 36
PILZE
Gefüllte Champignons 42
Maronensuppe mit Pfifferlingen aus dem Dutch Oven 36
Waldpilzbuns 28
Preiselbeeren
Gegrillte Entenbrust mit Preiselbeerglasur und Maronen-Mayonnaise 71
Geräucherter Rehrücken mit Chicoréesalat 118
Mufflon-Burger mit Räucherkäse 126
Pulled Pork 122
Punsch 150
PUTENBRUST
Ganzer Truthahn vom Summit Charcoal 63
Tom Kha Gai mit knusprigen Knoblauchbrot 38
RADICCHIO: Flammkuchen mit geräucherter Forelle, Gorgonzola und Birne 22
Rehrücken, geräuchert, mit Chicoréesalat 118
Rinderfilet mit Erbsen-Kartoffel-Stampf 101
Rinderhüfte im Pfeffermantel 96
RINDERLEBER: Gegrillte Leber mit karamellisierten Apfelspalten 114
RINDERROULADEN: Rouladen mit Glühweinsauce 107
RIPPCHEN
Glasierte Hochrippe mit Rosmarinsauce 113
Peanutbutter Jelly Ribs 76
Roastbeef mit Orangen-Glasur 98
Rollbraten auf Sauerkrautbett 74
Rotkohl, gesmoket 41
ROTWEIN
Glasierte Hochrippe mit Rosmarinsauce 113
Glühwein aus dem Dutch Oven 148
Rouladen mit Glühweinsauce 107
RUB
Bacon Bomb mit getrockneten Früchten 92
Geräucherter Rehrücken mit Chicoréesalat 118
Hähnchenbrust mit Kaffee-Parmesan-Kruste 68
Sandwich mit geräucherten Ochsenbäckchen 111
Sandwich mit geräucherten Ochsenbäckchen 111
Schweinefilet im Speckmantel mit Pflaumen-Senf-Füllung 88
Winterliches Pulled Pork 122
RUM
Eggnog 153
Glühwein aus dem Dutch Oven 148
SALZBRATEN vom Schwein 79
Sandwich mit geräucherten Ochsenbäckchen 111
SAUERKRAUT
Mutzbraten vom Grill 80
Rollbraten auf Sauerkrautbett 74
SCHINKEN
Gefüllte Champignons 42
Onglet mit Béchamelkartoffeln 103
Schupfnudeln mit Bacon 52
Schweinebäckchen in Apfelsauce 86
Schweinefilet im Speckmantel mit Pflaumen-Senf-Füllung 88
SCHWEINENACKEN
Mutzbraten vom Grill 80
Orangen-Pork-Roast 82
Rollbraten auf Sauerkrautbett 74
Salzbraten vom Schwein 79
Schweinesteak mit Trüffel-Graupen-Risotto 85
Semmelknödelsoufflé 57

SPECK (siehe auch Bacon)
Rollbraten auf Sauerkrautbett 74
Schweinefilet im Speckmantel mit Pflaumen-Senf-Füllung 88
Semmelknödelsoufflé 57
SPINAT
Grillhähnchen mit Spinatfüllung 66
Spinat-Käse-Baguette 33
Spinatwaffeln 27
STEAK
Dry-aged Schweinesteak mit Trüffel-Graupen-Risotto 85
Flanksteak mit Ziegenkäse und Honig 108
Steckrüben mit Bacon-Frischkäse 44
Süßkartoffel-Möhren-Auflauf 47
Tom Kha Gai mit knusprigen Knoblauchbrot 38
Trüffel-Graupen-Risotto 85
Truthahn vom Summit Charcoal 63
VANILLE
Eggnog 153
Glühwein aus dem Dutch Oven 148
Gegrillter Punsch 150
WALDPILZBUNS 28
WALNÜSSE
Camembert von der Planke mit Dattelchutney 24
Gratiniertes Spinat-Käse-Baguette 33
Grillhähnchen mit Spinatfüllung 66
Weihnachtsgans vom Grill 64
WEIN
Geschmorte Schweinebäckchen in Apfelsauce 86
Glasierte Hochrippe mit Rosmarinsauce 113
Glühwein aus dem Dutch Oven 148
Kalbsrücken mit Pilzsauce 105
Rouladen mit Glühweinsauce 107
WHISKY: Eggnog 153
Wildschweinkeule im Heubett 121
Winterliches Pulled Pork 122
ZIEGENFRISCHKÄSE: Flanksteak mit Ziegenkäse und Honig 108
ZITRONE
Gegrillter Punsch 150
Geräucherte Forelle mit lauwarmem Kartoffelsalat 142
Geräucherte Jakobsmuscheln mit gegrillten Artischocken 145
Glüh-Gin 154
Glühwein aus dem Dutch Oven 148
Lammkoteletts mit grüner Zitronensalsa 128
Winterliches Pulled Pork 122

WINTER